서강 한국어

내용 구성표

과	제목	문법	단어	
1	소개	p.6 -은 지 (시간) 됐다 -인데	소개 말하기 듣고 말하기 읽고 말하기	직장, 신입 사원 p.12 자기소개, 근무하다 활발하다, 성격이 맞다 국적, 꿈
2	학교 생활	p.18 -으려면 -으면 되다 간접화법 축약	학교 생활 말하기 듣고 말하기 읽고 말하기	건물, 강의실 p.36 맞은편, 복도 닫히다, 반납일이 지나다 자신감, 환경
3	집	p.44 -은/는 편이다 -긴 하다	집 말하기 듣고 말하기 읽고 말하기	아파트, 주택 p.51 보증금, 부동산 구하다, 지저분하다 관리비, 가족적
4	초대와 방문	p.60 -을 테니까① -으면서	초대와 방문 말하기 듣고 말하기 읽고 말하기	결혼식, 박수를 치다 p.65 환송회, 수업 중 떡국, 새뱃돈 검은색, 정장
5	외모와 성격	p.72 -다 -아/어 보니까	외모와 성격 말하기 듣고 말하기 읽고 말하기	첫인상, 단발머리 p.77 묘사하다, 어떻게 생겼는데? 드라이하다, 잘생기다 눈이 높다, 입이 무겁다
6	문제	p.86 -기 때문에 -았/었으면 좋겠다 -던데요	문제 말하기 듣고 말하기 읽고 말하기	기계, 가전제품 p.97 원본, 누르다 구입하다, 가능하다 기능, 실수로
7	일	p.104 -다면서요? -을 텐데 걱정이다	일 말하기 듣고 말하기 읽고 말하기	업무, 담당하다 p.112 보수, 자격증을 따다 사회생활, 경험을 쌓다 경력, 목적
8	공공 생활	p.120 -은/는데② -을	공공 생활 말하기 듣고 말하기 읽고 말하기	소포, 번호표를 뽑다 p.126 성함, 떼어 내다 사은품, 보관하다 거스름돈, 대여하다

발음	쉬어가기
🎧 음료수, 동료, 종로　　　　p.15 💬 지금 어디 가는 길이에요?	🌳 '한글'은 누가 만들었을까요?　　p.16
🎧 끝이, 같이, 닫히다　　　　p.40 💬 그런 게 있어?	🌳 한국에는 어떤 학교들이 있을까요?　　p.41
🎧 특히, 좋긴 해요, 익숙해졌어요　p.56 💬 뭘 그렇게 열심히 보고 있어?	🌳 한국 집들은 왜 방바닥이 따뜻할까요?　p.57
🎧 연휴, 결혼식, 진하게　　　p.69 💬 새해 복 많이 받으세요	🌳 윷놀이가 어떤 놀이인지 아세요?　　p.70
🎧 성격, 활동적이다, 솔직하다　p.82 💬 어떻게 알았어?	🌳 눈이 크면 겁이 많다고요?　　p.83
🎧 신라, 곤란하다, 관람하다　p.101 💬 컴퓨터가 고장 나서 전화 드렸는데요	🌳 도와주세요!　　p.102
🎧 밝다, 닭고기, 읽다　　　p.116 💬 **한스** 씨라면 잘할 수 있을 거예요	🌳 한국에서는 윗사람과 악수를 어떻게 해요?　p.117
🎧 전동차, 승강장, 춤을 추는, 산책로　p.131 💬 오늘은 다 된 거예요?	🌳 서울 글로벌센터에 오세요.　　p.132

1과

소개

문법	p.06	– 은 지 (시간) 됐다
	p.10	– 인데
단어	p.12	
발음	p.15	
쉬어가기	p.16	

1과 문법 -은 지 (시간) 됐다

의미 확인

가 알맞은 것을 골라 연결하십시오.

1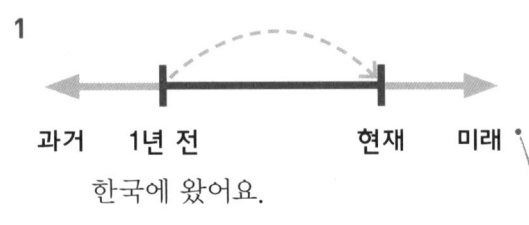
과거 — 1년 전 — 현재 — 미래
한국에 왔어요.

2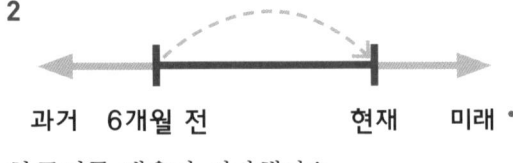
과거 — 6개월 전 — 현재 — 미래
한국어를 배우기 시작했어요.

3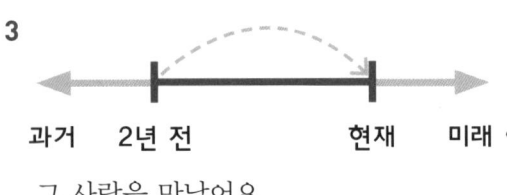
과거 — 2년 전 — 현재 — 미래
그 사람을 만났어요.

4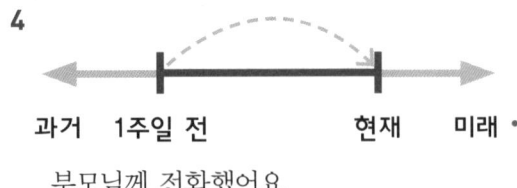
과거 — 1주일 전 — 현재 — 미래
부모님께 전화했어요.

ㄱ. 부모님께 전화한 지 1주일 됐어요.

ㄴ. 그 사람을 만난 지 2년 됐어요.

ㄷ. 한국에 온 지 1년 됐어요.

ㄹ. 한국어를 배운 지 6개월 됐어요.

연습

동사		형용사	있다 / 없다	-이다 / 아니다	+ (시간) 됐다
받침 ○	받침 ×	×	×	×	
-은 지	-ㄴ 지				
먹은 지	간 지				

가 알맞은 것을 골라 바꿔 쓰십시오. 규칙

1 여섯 달 전에 학교 근처로 이사 왔어요.
   <u>이사 온 지</u> 여섯 달 됐어요.

2 7년 전부터 태권도를 배웠어요.
   태권도를 _____ 7년 됐어요.

3 5년 전에 고등학교를 졸업했어요.
   고등학교를 _____ 5년 됐어요.

4 1시간 전에 점심을 먹었어요.
   점심을 _____ 한 시간 됐어요.

5 두 달 전부터 한국 신문을 읽었어요.
   한국 신문을 _____ 두 달 됐어요.

> ✓ 이사 오다
> 졸업하다
> 배우다
> 읽다
> 먹다

나 알맞은 것을 골라 바꿔 쓰십시오. 불규칙

1 1년 전부터 취미로 재즈 음악을 들었어요.
   재즈 음악을 <u>들은 지</u> 1년 됐어요.

2 5년 전에 시골¹⁾에 집을 지었어요.
   시골에 집을 _____ 5년 됐어요.

3 5년 전부터 한국에 살았어요.
   한국에서 _____ 5년 됐어요.

4 2주일 전부터 아침마다 한강 공원을 걸어요.
   아침마다 한강 공원을 _____ 2주일 됐어요.

5 집 앞에 식당이 새로 문을 열었어요.
   문을 _____ 한 달 됐어요.

> ✓ 듣다
> 열다
> 살다
> 짓다
> 걷다

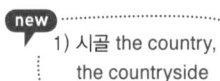
1) 시골 the country, the countryside

1과

다. 알맞은 것을 골라 바꿔 쓰십시오. (부정)

1. A 여행을 많이 하세요?
   B 아니요, 오랫동안 못 했어요.
   __여행 못 한 지 / 여행하지 못한 지__ 4년이나 됐어요.

2. A 한스 씨를 자주 만나세요?
   B 아니요, 자주 못 만나요.
   요즘 바빠서 _____ 한 달쯤 됐어요.

3. A 부모님하고 자주 통화하세요?
   B 아니요, 자주 통화 못 해요. _____ 2주일 됐어요.

4. A 요즘도 식사한 후에 집 근처에 있는 운동장을 걸으세요?
   B 아니요, 전에는 건강을 위해서 매일 걸었는데 요즘에는 못 걸어요.
   _____ 3주일쯤 됐어요.

✓ 여행하다 ✗
  걷다 ✗
  만나다 ✗
  통화하다 ✗

라. 알맞은 것을 골라 대화를 완성하십시오.

1. A 한국말을 참 잘하세요. 한국에 온 지 오래 되셨어요?
   B 네, 좀 __오래 됐어요__.
   A 그래요? 얼마나 되셨는데요?
   B 한 15년쯤 됐어요.

   ✓ 오래 되다
     얼마 안 되다

2. A 고려 회사에 다닌 지 오래 됐어요?
   B 아니요, _____.
   그래서 사람들을 아직 잘 몰라요.
   A 그렇군요.

   꽤 되다
   얼마 안 되다

3. A 이 약은 언제 먹어야 돼요?
   B 이 약은 세 시간마다 먹어야 돼요.
   약 먹은 지 _____. 그러니까 두 시간 후에 드세요.
   A 네, 알겠습니다.

   한 시간이나 되다
   한 시간 밖에 안 되다

4. A 이 동네에 산 지 얼마나 됐어요?
   B 고등학교 때부터 살았으니까 _____. 그래서 이제는 모르는 곳이 없어요.
   A 그럼, 좋은 식당 하나 가르쳐 주세요.

   꽤 되다
   얼마 안 되다

활용

가 자유롭게 대화를 완성하십시오.

1. A 제일 친한 친구가 누구예요?
   B _____ 예요/이에요.
   A 그 친구를 만난 지 얼마나 됐어요?
   B _____.

2. A 부모님이 어디에서 사세요?
   B _____.
   A 부모님을 못 만난 지 얼마나 됐어요?
   B _____.

3. A 어렸을 때 어디에서 살았어요?
   B _____.
   A 거기에 가 본 지 얼마나 됐어요?
   B _____.

4. A 한국 음식 중에서 어떤 음식을 좋아하세요?
   B _____.
   A 그것을 먹기 시작한 지 얼마나 됐어요?
   B _____.

정리하면서 써 보세요

	동사	-은 지	
	만나다	만난 지	
	읽다		
으	쓰다		
ㄷ	듣다		+ (시간) 됐다
ㄹ	살다		
ㅂ	돕다		
르	부르다		
ㅅ	짓다		

1과 문법 -인데

의미 확인

가 알맞은 것을 고르십시오.

> ㄱ. 한스 씨가 일하는 곳이에요
> ✓ ㄴ. 대학교에서 한국어를 가르치고 계세요
> ㄷ. 한국의 남쪽에 있는 섬이에요
> ㄹ. 한국에서 봄에 많이 볼 수 있는 노란색 꽃이에요
> ㅁ. 한국 문화의 전통을 소개하고 있어요

1 이분은 김 선생님인데 ____ㄴ____ .
2 이 빌딩은 서울 빌딩인데 _____ .
3 내가 제일 좋아하는 곳은 제주도인데 _____ .
4 이 책은 한국에 대한 책인데 _____ .
5 이 꽃은 개나리인데 _____ .

연습

가 알맞은 것을 골라 바꿔 쓰십시오.

1  이 사람은 ___내 동생인데___
지금 초등학교에 다니고 있어요.

2  이것은 _____
한국어를 공부하려고 샀어요.

> 김밥
> 한국어 책
> 장미
> ✓ 내 동생

3  이것은 _____
한국 사람들이 많이 먹는 음식이에요.

4  이 꽃은 _____
제가 가장 좋아하는 꽃이에요.

나 한 문장으로 만드십시오.

1 이 사람 / 앤디 씨이다 / 우리 반 / 인기가 제일 많다

→ 이 사람은 앤디 씨인데 우리 반에서 인기가 제일 많아요.

2 이 지하철 / 2호선이다 / 출근 시간 / 사람이 아주 많다 / 복잡하다

→ _____.

3 내가 좋아하다 / 한국 음식 / 비빔밥이다 / 맛있다 / 건강에 좋다

→ _____.

가 자유롭게 대화를 완성하십시오.

1 A 사진에 있는 사람들이 누구예요?
  B 이 사람들은 사촌들인데 다른 나라에 살고 있어서 자주 못 만나요.

2 A 아까 교실에서 같이 이야기한 분이 누구예요?
  B 그분은 _____.

3 A 요즘 보는 책이 뭐예요?
  B 요즘 보는 책은 _____.

4 A 제일 좋아하는 운동이 뭐예요?
  B 제가 제일 좋아하는 운동은 _____.

1과 단어

· 소개

가 알맞은 것을 골라 쓰십시오.

학교	동아리	3 _____
1 _선배_	선배	4 _____
신입생²⁾	2 _____	신입사원

직장
신입 회원
상사
✓ 선배

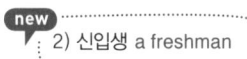 2) 신입생 a freshman

나 알맞은 것을 골라 쓰십시오.

사장님 이분은 신입사원인데 독일에서 온 한스 씨입니다.
한스   1 _처음 뵙겠습니다_ . 한스입니다.

잘 지내고 싶습니다
✓ 처음 뵙겠습니다
모르는 것이 많습니다

김윤호 한스 씨, 궁금한 것이 있으면 뭐든지 물어보십시오.
한스   감사합니다. 제가 2 _____ .
     많이 도와주세요.

한스   2년 동안 한국 무역 회사에 근무하러 왔습니다.
     여러분과 3 _____ . 많이 도와주십시오.
상우   반갑습니다.

· 말하기 📖 p.20

가 알맞은 것을 골라 바꿔 쓰십시오.

저는 독일에서 온 한스입니다.
2년 동안 한국 무역 회사에 1 _근무하_ 러 왔습니다.
대학교에서 2 _____ 을/를 전공했습니다.
그리고 아직 결혼하지 않은 3 _____ 입니다.
앞으로 여러분과 잘 지내고 싶습니다.
4 _____ .

사회학
잘 부탁드립니다
✓ 근무하다
미혼

· 듣고 말하기 📖 p.24

가 알맞은 것을 골라 바꿔 쓰십시오.

1 저는 너무 바빠서 일본어를 연습할 수 있는 시간이 ___적어요___ .
2 유키 씨는 성격이 _____서 친구들하고 얘기하는 것을 좋아해요.
3 저는 남자친구하고 성격이 잘 _____서 만날 때마다 즐거워요.
4 제가 _____니까 반대로 활발한 사람을 만나고 싶어요.
5 한스 씨는 아주 _____ 것 같아요. 단어를 금방 외울 수 있어요.

똑똑하다
✓ 적다
조용하다
활발하다
맞다

· 읽고 말하기 📖 p.27

가 알맞은 것을 골라 쓰십시오.

1 A 어렸을 때 어떤 사람이 되고 싶었어요?
  B 아이들을 좋아해서 초등학교 선생님이 되는 것이 ___꿈___ 이었어요/였어요.

2 A 이번 휴가 때 뭐하실 거예요?
  B _____ 여행을 가려고 해요.
    지금 한국은 너무 추우니까 따뜻한 나라에 가고 싶어요.

3 A 우리 같이 식사 한번 해요.
  B 네, 좋지요.
    그런데 제가 _____에는 시간이 없으니까 주말에 만나는 게 어때요?

4 A 가은 씨는 무엇을 전공해야 할지 아직 잘 모르겠다고 했어요.
  B _____이/가 관심이 있는 것을 공부하는 것이 제일 좋지요.
    가은 씨는 무엇에 관심이 있대요?

5 A 새로 이사한 아파트는 어때요?
  B 조용하고 주위에 살고 있는 _____도 친절해서 아주 살기 좋아요.

✓ 꿈
이웃
자기
평일
해외

· 단어 종합 문제

가 알맞은 것을 골라 쓰십시오.

| ✓ 나이 | 전공 | 직장 | 국적 |

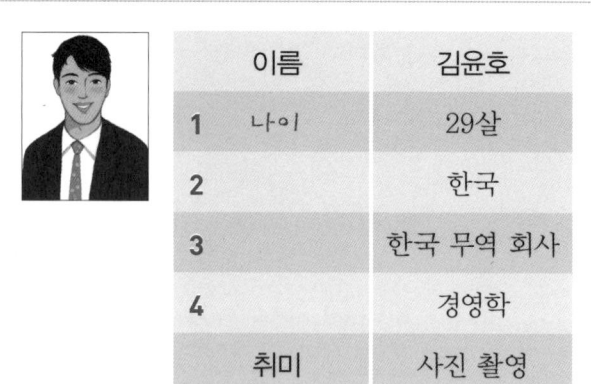

저하고 같이 근무하는 김윤호 씨는 29살인데 저보다 한국 무역 회사에 1년 먼저 들어왔습니다. 김윤호 씨는 한국 사람인데, 영어를 잘 합니다. 대학교에서 경영학을 공부했고, 사진 찍는 것을 아주 좋아합니다.

나 알맞은 것을 골라 바꿔 쓰십시오.

카밀라 씨가 한스 씨를 테니스 1 ___동아리___ 에 데리고 갑니다.

카밀라 우리 회사에 새로 2 _____ 한스 씨인데 테니스에 관심이 많다고 해서 같이 왔습니다.

한스 3 _____. 한스입니다.

상우 반갑습니다. 이상우입니다. 어느 나라 분이세요?

한스 독일에서 왔습니다.
한국에 온 지 얼마 안 돼서 4 _____.

상우 한국어를 잘하시네요.

한스 아니에요.

상우 그런데 테니스는 칠 줄 아세요?

한스 대학교 때 테니스 동아리에서 많이 쳤는데 오랫동안 안 쳐서 다 잊어버렸어요.
5 _____. 많이 도와주세요.

처음 뵙겠습니다
✓ 동아리
들어오다
앞으로 열심히 하겠습니다
모르는 것이 많습니다

발음

가 맞는 발음을 고르십시오. CD 2

1 음료수
① [음요수]   ② [음뇨수]

2 동료
① [동요]   ② [동뇨]

3 종로
① [종오]   ② [종노]

나 듣고 따라하십시오. CD 3

1 A 지금 어디 가는 길이에요?
B 일본어 학원에 가는 길이에요.

2 A 일본어를 공부하고 싶은데 아는 일본 사람이 없어요.
B 아, 참! 제가 아는 일본 사람이 있으니까 소개해 드릴게요.

다 듣고 쓰십시오. CD 4

1 _____.

2 _____.

쉬어 가기 한국 문화 Q&A

'한글'은 누가 만들었을까요?

'한글'을 만든 사람은 바로 **세종대왕**이에요. **세종대왕**이 한글을 만들기 전에는 한국에 글자가 없었어요. 말은 지금과 같은 한국말을 사용했지만 글을 쓸 때는 글자가 없어서 중국의 한자를 사용하고 있었어요. **세종대왕**은 이것을 안타깝게 생각해서 1443년에 **'집현전'**(조선시대 학자들이 연구하고 책을 만들던 기관) 학자들과 함께 한글을 만들었어요. 한글은 글자를 만든 사람과 만들어진 시기가 정확하게 알려진 세계에서 유일한 문자지요. 여러분, **세종대왕**의 모습이 궁금하시죠? 만 원짜리를 한 번 꺼내 보세요. 그분이 바로 **세종대왕**이에요.

Who made Hangul, the Korean alphabet?

King *Sejong* is the man credited with the creation of *Hangul*. Before the creation of *Hangul*, Korea did not have its own system of writing. The spoken language was similar to today's spoken Korean, but it was written using Chinese characters. *Sejong* felt that Chinese characters were inadequate, so he created *Hangul* in 1443 with the help of government officials. *Hangul* is the only writing system in the world for which we precisely know how and when it was created. Are you wondering what King *Sejong* looks like? You don't have to look further than your ₩10,000 bill.

2과

학교 생활

문법	p.18	- 으려면
	p.21	- 으면 되다
	p.25	간접화법 축약
단어	p.36	
발음	p.40	
쉬어가기	p.41	

2과 문법 -으려면

SB p.34　별책 p.8

의미 확인

가 알맞은 것을 고르십시오.

> ㄱ. 한국어를 잘해야 돼요
> ㄴ. 전화 카드3)가 필요해요
> ㄷ. 좋은 글4)을 많이 읽으세요
> ✓ㄹ. 대화 연습을 많이 해야 돼요

1　A 말하기를 잘하고 싶어요. 어떻게 해야 해요?
　　B 말하기를 잘하려면 ___ㄹ___.

2　A 쓰기를 잘하고 싶어요. 어떻게 해야 해요?
　　B 쓰기를 잘하려면 _____.

3　A 공중전화5)를 이용하려고 해요. 어떻게 해야 해요?
　　B 공중전화를 이용하려면 _____.

4　A 한국 회사에 취직하려고 해요. 어떻게 해야 해요?
　　B 한국 회사에 취직하려면 _____.

new
3) 전화 카드 calling card
4) 좋은 글 good writing
5) 공중전화 a public telephone

연습

동사		형용사	있다 / 없다	-이다 / 아니다
받침 ○	받침 ×			
-으려면	-려면	×	×	×
먹으려면	가려면			

가
알맞은 것을 골라 바꿔 쓰십시오. (규칙)

1 필요한 책을 __찾으려면__ 도서관에 가세요.
2 친구를 많이 _____ 동아리 활동을 하세요.
3 한국 신문을 _____ 사전이 필요해요.
4 약속 장소에 빨리 _____ 택시를 타야 해요.

- 가다
- 읽다
- ✓ 찾다
- 사귀다

나
알맞은 것을 골라 바꿔 쓰십시오. (불규칙)

1 평소에⁶⁾ 많이 __걸으려면__ 자가용⁷⁾을 타지 말고 지하철을 타세요.
2 요즘 인기 있는 한국 가요를 _____ 이 라디오 프로그램을 들으세요.
3 여기에 집을 _____ 먼저 허락을 받아야 돼요⁸⁾.
4 감기가 빨리 _____ 1주일 동안 푹 쉬셔야 돼요.
5 행복하게 _____ 건강해야 돼요.

- 듣다
- ✓ 걷다
- 낫다
- 짓다
- 살다

new
6) 평소에 ordinarily, usually
7) 자가용 a private car
8) 허락을 받다 to get permission

다
알맞은 것을 골라 바꿔 쓰십시오. (부정)

1 약속을 __안 잊어버리려면 / 잊어버리지 않으려면__ 메모하세요.
2 감기에 _____ 옷을 따뜻하게 입으세요.
3 약속 시간에 _____ 지금 출발해야 돼요.
4 시험에 _____ 공부를 열심히 해야 해요.

- 늦다×
- 걸리다×
- 떨어지다×
- ✓ 잊어버리다×

가 자유롭게 대화를 완성하십시오.

1. A 건강해지고 싶어요. 어떻게 해야 해요?
   B <u>건강해지려면 규칙적으로 운동을 하세요</u>.

2. A 좋은 회사에 취직하려고 해요. 어떻게 해야 돼요?
   B _____.

3. A 좋은 친구가 되고 싶어요. 어떻게 해야 해요?
   B _____.

4. A 듣기를 잘하고 싶어요. 어떻게 해야 해요?
   B _____.

5. A 한국 문화를 배우려고 해요. 어떻게 해야 해요?
   B _____.

'-으려면'은 보통 아래의 말과 함께 쓰인다.
-으려면 + -아/어야 되다
　　　　 -으세요
　　　　 -으면 되다
　　　　 -이/가 필요하다

정리하면서 써 보세요

	동사	-으려면
	가다	가려면
	읽다	
으	쓰다	
ㄷ	듣다	
ㄹ	살다	
ㅂ	돕다	
르	부르다	
ㅅ	짓다	

문법 -으면 되다

의미 확인

가 알맞은 것을 고르십시오.

1. **A** 학교 도서관에서 책을 빌리려면 어떻게 해야 돼요? 복잡해요?
   B 아니에요, ___①___ 만 있으면 돼요.

   ✓① 학생증　　　② 여권

2. **A** 백화점에서 산 물건을 환불 받으려면 어떻게 해야 돼요? 힘들지 않아요?
   B 그냥 _____ 만 가지고 가면 돼요.

   ① 돈　　　② 영수증

3. **A** 서울 시청 전화번호를 알려면 어떻게 해야 돼요?
   B _____.

   ① 114에 전화하면 돼요　　　② 핸드폰을 사면 돼요

4. **A** 한국 문화 수업을 들으려면 신청해야 돼요?
   B 아니에요, 무료 수업이니까 _____.

   ① 시험을 보면 돼요　　　② 그냥 가면 돼요

연습

동사		형용사		있다/없다	-이다 / 아니다	
받침 ○	받침 ×	받침 ○	받침 ×		받침 ○	받침 ×
-으면 되다	-면 되다	-으면 되다	-면 되다	있으면 되다	학생이면 되다	가수면 되다
먹으면 되다	가면 되다	좋으면 되다	싸면 되다			

2과

가 알맞은 것을 골라 바꿔 쓰십시오. 규칙

1. A 광화문에 가려고 하는데 어떻게 가요?
   B 여기서 버스를 타고 다음 버스 정류장에서 _내리면 돼요_.

2. A 체육관 시설을 이용하려면 돈을 내야 돼요?
   B 아니요, 학생증만 _____.

3. A 저는 매일 학교에 지각해요.
   지각을 안 하려면 어떻게 해야 할까요?
   B 일찍 자고, 일찍 _____.

4. A 넓은 집을 찾으세요?
   B 아니요, 안 넓어도 돼요.
   그냥 창문이 커서 방이 _____.

5. A 이 그림하고 똑같이 그려야 해요?
   B 아니요, 색은 달라도 돼요. 모양만 _____.

> 있다
> 밝다
> 일어나다
> ✓ 내리다
> 비슷하다

나 알맞은 것을 골라 바꿔 쓰십시오. 불규칙

1. A 제가 아직 집을 못 구해서 걱정이에요.
   B 걱정하지 마세요. 집을 구할 때까지 저하고 같이 _살면 돼요_.

2. A 이 근처에 은행이 어디에 있어요? 멀어요?
   B 아니요, 멀지 않아요. 이 길로 5분만 _____.

3. A 어떤 옷을 찾으세요?
   B 날씨가 너무 추우니까 옷이 _____.

4. A 파티 준비 다 했어요?
   B 네, 이제 디저트만 _____.

> ✓ 살다
> 걷다
> 만들다
> 두껍다

다 알맞은 것을 골라 바꿔 쓰십시오. -이다

1. A 이 동아리에 가입하려면 어떻게 해야 돼요?
   B 그냥 우리 학교 _학생이면 돼요_ .

2. A 음료수 좀 드릴까요?
   B 아니요, 그냥 _____ .

3. A 어떤 펜을 빌려 드릴까요?
   B 그냥 까만색 _____ .

4. A 이 컴퓨터를 고치려면 시간이 얼마나 걸릴까요?
   B 복잡하지 않으니까 _____ .

| 물 |
| 펜 |
| ✓ 학생 |
| 10분 |

가 자유롭게 대화를 완성하십시오.

1. A 내일 여행 갈 때 뭘 가져가야 돼요?
   B 준비는 제가 다 할게요. _그냥 몸만 오시면 돼요_ .

2. A 이번에 신청한 외국인 등록증은 언제 찾으러 오면 돼요?
   B _____ .

3. A 저……, 죄송한데요. 사진 좀 찍어 주시겠어요?
   B 네, 찍어 드릴게요. 그런데 어떻게 찍어야 돼요?
   A _____ .

4. A 저……, 이 동아리에 대해서 알아보려고 왔는데요.
   B 네, 말씀하세요.
   A 이 동아리에 가입하려면 어떻게 해야 돼요?
   B _____ .

정리하면서 써 보세요

	동사	-으면 되다
	가다	가면 되다
	읽다	
으	쓰다	
ㄷ	듣다	
ㄹ	살다	
ㅂ	돕다	
르	부르다	
ㅅ	짓다	

	형용사	-으면 되다
	싸다	
	좋다	
으	기쁘다	
ㄹ	길다	
ㅂ	쉽다	
르	다르다	

있다	
학생이다	

문법 간접화법 축약

의미 확인

가 이름을 쓰십시오.

누가 말했어요?

1. __유키__ 씨가 보통 하루에 두 시간씩 한국어를 공부한대요.
2. _____ 씨가 시간 있을 때 전화하래요.
3. _____ 씨가 요즘 기분이 좋대요.
4. _____ 씨가 점심시간에 같이 식사하재요.

※ 간접화법을 복습하려면 〈서강한국어 2A〉 7, 8과와 〈서강한국어 2B〉 3과, 5과, 8과를 참고하세요.

연습

			간접화법	간접화법 축약
평서문	현재	동사	-는다고 해요	-는대요
		형용사 / 있다	-다고 해요	-대요
		-이다	-이라고 해요	-이래요
	과거		-았/었다고 해요	-았/었대요
	미래		-을 거라고 해요	-을 거래요
청유문			-자고 해요	-재요
명령문			-으라고 해요	-으래요
의문문			-냐고 해요	-내요

2과

가 평서문을 간접화법 축약형으로 바꾸십시오.

A 알맞은 것을 골라 간접화법으로 바꾸십시오. `동사, 형용사 현재`

 지훈: 1주일에 한두 번 운동해요.

 모니카: 매일 학교에 지하철을 타고 와요.

 카밀라: 요즘 바빠요.

 소영: 날씨가 좋아요.

 앤디: 영화 '집으로'가 재미있어요.

 유키: 짧은 치마를 자주 입어요.

 유키: 신촌에 살아요.

1 모니카 씨가 매일 학교에 지하철을 __타고 온대요__.
2 유키 씨가 짧은 치마를 자주 _____.
3 지훈 씨가 1주일에 한두 번 _____.
4 카밀라 씨가 요즘 _____.
5 앤디 씨가 영화 '집으로'가 _____.
6 소영 씨가 날씨가 _____.
7 유키 씨가 신촌에 _____.

B 알맞은 것을 골라 간접화법으로 바꾸십시오. `-이다`

 지훈 — 한스 씨가 회사원이에요.
 미나 — 제 취미는 영화 보기예요.
 투안 — 저는 베트남 사람이에요.

1 A 지훈 씨가 뭐래요?
   B _한스 씨가 회사원이래요_.

2 A 미나 씨가 뭐래요?
   B _____.

3 A 투안 씨가 뭐래요?
   B _____.

 간접화법으로 바꿀 때 '저'를 '자기'로 바꾼다.
예) 모니카: "제 옷이 아니에요."
 → 모니카 씨가 자기 옷이 아니래요.

C 알맞은 것을 골라 간접화법으로 바꾸십시오. `과거`

 상우 — 오늘 식당에 가려고 미리 예약했어요.
 모니카 — 한국에 오기 전에 요리사였어요.
 가은 — 지난 방학 때 동해에 갔다 왔어요.

 랜핑 — 어젯밤에 너무 추워서 잘 수 없었어요.
 유키 — 1년 전에는 선생님이었어요.
 윤호 — 저는 어릴 때 키가 작았어요.

1 A 상우 씨가 뭐래요?
   B 오늘 식당에 가려고 미리 _예약했대요_.

2 A 모니카 씨가 한국에 오기 전에 뭐했대요?
   B 한국에 오기 전에 _____.

2과

3 A 가은 씨가 지난 방학 때 뭐했대요?
B 지난 방학 때 동해에 _____.

4 A 렌핑 씨가 어젯밤에 왜 못 잤대요?
B 어젯밤에 너무 추워서 _____.

5 A 유키 씨가 1년 전에 뭐했대요?
B 1년 전에는 _____.

6 A 윤호 씨가 뭐래요?
B _____.

D 알맞은 것을 골라 간접화법으로 바꾸십시오. 미래

내일부터 시험 준비할 거예요.
 한스

주말에 시내에 나가면 차가 없을 거예요.
 윤호

내일 일본으로 출장 갈 거예요.
 투안

아마 주말에 날씨가 좋을 거예요.
 미나

1 A 한스 씨가 뭐 할 거래요?
B 한스 씨가 내일부터 시험 준비할 거래요.

2 A 투안 씨가 뭐 할 거래요?
B 투안 씨가 내일 일본으로 _____.

3 A 윤호 씨가 뭐래요?
B 윤호 씨가 주말에 시내에 나가면 차가 _____.

4 A 미나 씨가 뭐래요?
B 미나 씨가 아마 주말에 날씨가 _____.

E 알맞은 것을 골라 간접화법으로 바꾸십시오. 부정

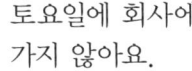

(저는 가방을 안 샀어요.)   (토요일에 회사에 가지 않아요.)   (저는 매운 음식을 잘 못 먹어요.)

 지훈    상우    모니카

(제 가방이 아니에요.)   (이번 주말에 여행을 안 갈 거예요.)   (한국어는 어렵지 않아요.)

 카밀라    투안    앤디

1 A 상우 씨가 토요일에 회사에 간대요?
  B 아니요, <u>안 간대요/가지 않는대요</u>.

2 A 지훈 씨가 가방을 샀대요?
  B 아니요, _____.

3 A 모니카 씨가 매운 음식을 잘 먹을까요?
  B 아니요, _____.

4 A 카밀라 씨가 뭐래요?
  B _____.

5 A 투안 씨가 뭐래요?
  B _____.

6 A 앤디 씨가 요즘 한국어 공부가 어떻대요?
  B _____.

평서문의 부정을 간접화법으로 바꾸면 다음과 같다.

'형용사 + -지 않아요'
→ 형용사 + -지 않대요
'동사 + -지 않아요'
→ 동사 + -지 않는대요
'명사 + -이/가 아니에요'
→ 명사 + -이/가 아니래요

2과

나 의문문을 간접화법 축약형으로 바꾸십시오. 현재

- 소영 씨, 오늘 바빠요?
- 가은 씨, 시간 있어요?
- 동규 씨, 취미가 뭐예요?
- 보민 씨, 사진을 찍었어요?
- 미나 씨, 지금 어디에 살아요?
- 한스 씨, 방학 때 어디에 갈 거예요?

1. A 지훈 씨가 소영 씨한테 뭐래요?
   B 오늘 바쁘냬요.

2. A 지훈 씨가 동규 씨한테 뭐래요?
   B _____.

3. A 지훈 씨가 가은 씨한테 뭐래요?
   B _____.

4. A 지훈 씨가 보민 씨한테 뭐래요?
   B _____.

5. A 지훈 씨가 한스 씨한테 뭐래요?
   B _____.

6. A 지훈 씨가 미나 씨한테 뭐래요?
   B _____.

다 청유문을 간접화법 축약형으로 바꾸십시오.

A 알맞은 것을 골라 간접화법으로 바꾸십시오.

카밀라 씨, 점심 식사 후에 같이 영화 봐요.

소영 씨, 같이 예습해요.

가은 씨, 수업 후에 같이 운동할까요?

동규 씨, 같이 사진 찍읍시다.

1 A 보민 씨가 카밀라 씨한테 뭐 하재요?
   B 점심 식사 후에 같이 영화 보재요.

2 A 보민 씨가 소영 씨한테 뭐 하재요?
   B _____.

3 A 보민 씨가 가은 씨한테 뭐 하재요?
   B _____.

4 A 보민 씨가 동규 씨한테 뭐 하재요?
   B _____.

B 알맞은 것을 골라 간접화법으로 바꾸십시오. 부정

보민 : "내일 비가 오니까 여행을 가지 맙시다."
상우 : "피곤하니까 술 마시지 맙시다."
가은 : "오늘은 바쁘니까 만나지 말자."

1 보민 씨가 내일 비가 오니까 여행을 가지 말재요 .

2 상우 씨가 피곤하니까 _____.

3 가은 씨가 오늘은 바쁘니까 _____.

청유문의 부정을 간접화법으로
바꾸면 다음과 같다.
'동사 + -지 맙시다'
→ 동사 + -지 말재요

2과

가 명령문을 간접화법 축약형으로 바꾸십시오.

A 알맞은 것을 골라 간접화법으로 바꾸십시오. 규칙

- 한스: 시험이 있으니까 공부하세요.
- 상우: 앉으세요.
- 소영: 집에 일찍 들어가세요.
- 미나: 책을 읽으세요.

1 A 한스 씨가 뭐래요?
  B 시험이 있으니까 공부하래요.

2 A 상우 씨가 뭐래요?
  B _____.

3 A 소영 씨가 뭐래요?
  B _____.

4 A 미나 씨가 뭐래요?
  B _____.

B 알맞은 것을 골라 간접화법으로 바꾸십시오. 불규칙

한국어 CD를 많이 들으세요.

한스

건강해지려면 많이 걸으세요.

상우

재미있게 노세요.

윤호

빨리 나으세요.

소영

맛있게 만드세요.

가은

1 A 한스 씨가 뭐래요?
   B 한국어 CD를 많이 들으래요.

2 A 상우 씨가 뭐래요?
   B _____.

3 A 윤호 씨가 뭐래요?
   B _____.

4 A 소영 씨가 뭐래요?
   B _____.

5 A 가은 씨가 뭐래요?
   B _____.

2과

C 알맞은 것을 골라 간접화법으로 바꾸십시오. 부정

> 모니카 : "여기에서 담배를 피우지 마세요."
> 앤디 : "오늘은 비가 오니까 운동을 하지 마세요."
> 유키 : "내일 시험이니까 놀지 마."

1 모니카 씨가 여기에서 담배를 ___피우지 말래요___.

2 앤디 씨가 오늘은 비가 오니까 운동을 _____.

3 유키가 내일 시험이니까 _____.

명령문의 부정을 간접화법으로
바꾸면 다음과 같다.
'동사 + -지 마세요'
→ 동사 + -지 말래요

활용

가 자유롭게 대화를 완성하십시오.

1 A ___소피아___ 씨가 지난 방학 때 뭐 했대요?
  B ___친구하고 같이 여행했대요___.

2 A _____ 씨가 조금 전에 뭐래요?
  B _____.

3 A 얼마 전에 연락한 (친구/가족)이/가 뭐라고 했어요?
  B _____.

4 A 한국에 오기 전에 (친구/가족)이/가 뭐라고 했어요?
  B _____.

정리하면서 써 보세요

동사		평서문			의문문	명령문	청유문
		과거	현재	미래			
	가다	갔대요			가내요	가래요	가재요
	읽다						
으	쓰다		쓴대요				
ㄷ	듣다						
ㄹ	살다			살 거래요			
ㅂ	돕다				돕내요		
르	부르다						
ㅅ	짓다						

형용사		평서문			의문문
		과거	현재	미래	
	싸다	쌌대요			싸내요
	작다				
으	나쁘다		나쁘대요		
ㄹ	멀다				
ㅂ	춥다				춥내요
르	다르다			다를 거래요	

있다	평서문			의문문
	과거	현재	미래	
있다	있었대요			

-이다	평서문			의문문
	과거	현재	미래	
학생이다	학생이었대요			
의사다				

2과 단어

·학교 생활

가 알맞은 것을 고르십시오.

1.

2.

ㄱ. 컴퓨터실
ㄴ. 보건실
✓ ㄷ. 강의실
ㄹ. 복도
ㅁ. 멀티미디어실

ㄷ

3.

4.

5.

나 알맞은 것을 골라 쓰십시오.

| 대출 | ✓학점 | 엠티 | 반납하다 | 모이다 |
| 교환 학생 | 가입하다 | 연체료 | 학생증 | |

과	1 학점	대학교나 대학원에서 받는 성적
	2	한 나라의 대학에서 다른 나라의 대학으로 가서 공부하는 학생
	3	학생인 것을 알게 하는 카드
동아리	1	동아리에 들어가다
	2	동아리 학생들끼리 친해지려고 가는 여행
	3	여러 명의 학생들이 한 장소에 오다
도서관	1	빌린 책을 다시 도서관에 돌려주다
	2	도서관에서 책을 빌리는 것
	3	도서관에 약속한 날짜보다 책을 늦게 돌려줄 때 내는 돈

다 알맞은 것을 고르십시오.

1 동아리에 (✓ 가입 / ② 대출)하려고 신청서를 썼어요.
2 컴퓨터실에 가서 보고서를 쓴 다음에 프린터로 (① 신청했어요 / ② 출력했어요).
3 도서관에 책을 늦게 반납해서 (① 연체료 / ② 보고서)를 내야 했어요.
4 동아리에서 가까운 산으로 (① 이용 / ② 엠티)을/를 가서 재미있게 놀았어요.

말하기 SB p.38

가 알맞은 것을 골라 쓰십시오.

1 A 컴퓨터실이 어디에 있어요?
   B 복도 끝으로 가 보세요.
   화장실 ____맞은편____ 에 있으니까 찾기 쉬울 거예요.

2 A 과 엠티를 언제 갈 거래?
   B _____ 금요일에 간다고 들었어.

3 A 탁구 치려면 어디로 가야 돼?
   B 탁구장은 체육관 _____ 에 있으니까 거기로 가 봐.

4 A 언제 태권도 동아리 모임이 있어?
   B _____ 화요일마다 모임이 있어.

다다음주
✓ 맞은편
매주
지하

듣고 말하기 SB p.42

가 알맞은 것을 골라 바꿔 쓰십시오.

1 가방을 도서관에 ____놓고 와____ 서 다시 가지러 갔어요.
2 도서관 계단에서 전화를 해서 경비 아저씨한테 _____ .
3 도서관은 밤 10시에 문이 _____ .
4 반납일이 _____ 면 연체료를 내야 해요.

지나다
✓ 놓고 오다
닫히다
혼나다

2과

나 알맞은 것을 골라 쓰십시오.

A 어젯밤에 잠을 잘 못 자서 피곤해.

B 그럼, 여학생 휴게실에 가서 좀 자.

A 1 _____그런 게 있어_____? 몰랐어. 그런데 거기서 자도 돼?

B 2 _____! 학생 식당 옆에 있으니까 한번 가 봐.
그런데 요즘 무슨 일 있어? 아주 바쁜 것 같아.

A 응, 3 _____ 얼마 전부터 아르바이트를 시작해서 좀 바빠.

> 당연하지
> ✓ 그런 게 있어
> 사실은

·읽고 말하기 📖 p.45

가 알맞은 것을 골라 연결한 후 조사를 쓰십시오.

1 '나는 할 수 있다.'는 자신감 [이] •   • ㄱ. 적응하고 있다
2 한국어 [ ] 많이   •   • ㄴ. 해결했다
3 어려운 문제 [ ]   •   • ㄷ. 생겼다
4 새로운 환경 [ ]   •   • ㄹ. 늘었다

나 공통으로 들어가는 것을 골라 바꿔 쓰십시오.

1
  1) 한국에 와서 ___느낀___ 점은 무엇인지 인터뷰했습니다.
  2) 이 책을 읽고 _____ 점을 이야기해 보세요.

2
  1) _____ 환경에 적응하려면 시간이 필요한 것 같아요.
  2) 지금까지 힘든 기억들은 잊고 _____ 마음으로 다시 시작하고 싶어요.

3
  1) 한국에 와서는 한국의 문화를 많이 _____ 는 것이 좋다고 생각해요.
  2) 그 유학원에⁹⁾ 가면 캐나다 유학 생활을 _____ 본 사람들이 직접 상담해 줍니다.

> 새롭다
> 해결하다
> 경험하다
> ✓ 느끼다

new 9) 유학원 an agency for studying abroad

4 1) 다른 사람에게 부탁하지 않고 직접 _____.
   2) 그 문제는 쉽게 _____ 수 있으니까 혼자서 해 볼게요.

· 단어 종합문제

가 알맞은 것을 골라 대화를 완성하십시오.

A 소영아, 이번 주 금요일 저녁에 동아리에서
  1 ____모임____ 이/가 있는 거 알지?

B 정말? 몰랐어. 그런데 왜 모인대?

A 동규 선배가 다음 달에 캐나다로 유학 가잖아.
  그래서 다 같이 만나기로 했대.

B 동규 선배가 유학을 가? 몰랐어.
  그런데 캐나다에 가서 2 _____ 려면 힘들겠다.

A 동규 선배는 성격이 아주 활발하니까 괜찮을 거야.

B 그런데 동규 선배가 영어를 잘해?

A 1년 전부터 영어 공부를 열심히 해서 영어가 많이 3 _____.
  그래서 캐나다에 가서 생활하는 게 힘들지 않을 것 같대.

B 4 _____ 이/가 많이 생겼구나. 외국에서 다양한 생활을
  5 _____ 게 되니까 좋겠다.

자신감
적응하다
✓ 모임
경험하다
늘다

2과 발음

가 맞는 발음을 고르십시오. CD 5

1 끝이
① [끄티]   ② [끄치]

2 같이
① [가티]   ② [가치]

3 닫히다
① [다티다]   ② [다치다]

나 듣고 따라하십시오. CD 6

1 A 도서관 입구에 이용 규칙이 있는데 안 읽어 봤지?
　 B 그런 게 있어?

2 A 늦게 반납하면 안 되겠네.
　 B 당연하지!

다 듣고 쓰십시오. CD 7

1 _____.

2 _____.

쉬어 가기 — 한국 문화 Q&A

한국에는 어떤 학교들이 있을까요?

한국의 학교는 3월에 시작해요. 한 학년은 1학기와 2학기로 나누어지는데, 1학기는 3월부터 6, 7월까지이고 2학기는 9월부터 12월까지입니다. 여름과 겨울에 각각 1~2개월씩 방학이 있습니다.

What is the Korean educational system like?

The Korean school year begins in March and is divided into two semesters. The first semester starts in March and finishes in June or July. The second semester begins in September and finishes in December. The summer and winter breaks are one to two months each.

3과

집

문법	p.44	-은/는 편이다
	p.48	-곤 하다
단어	p.51	
발음	p.56	
쉬어가기	p.57	

3과 문법 연습 -은/는 편이다

의미 확인

가 알맞은 것에 ✓ 표시하십시오.

1 여러분은 커피를 많이 마시는 편이세요?

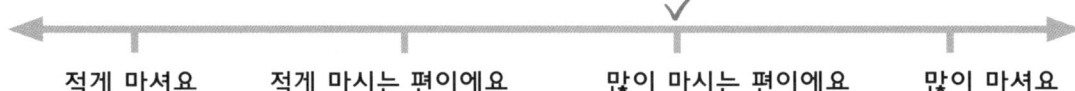

적게 마셔요   적게 마시는 편이에요   많이 마시는 편이에요 (✓)   많이 마셔요

2 여러분은 운동을 잘하는 편이세요?

못해요   못하는 편이에요   잘하는 편이에요   잘해요

3 여러분은 영화를 자주 보는 편이에요?

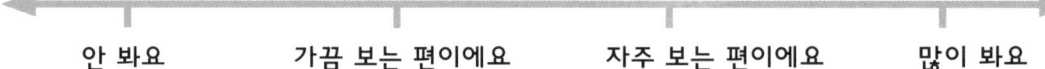

안 봐요   가끔 보는 편이에요   자주 보는 편이에요   많이 봐요

4 여러분은 키가 큰 편이에요?

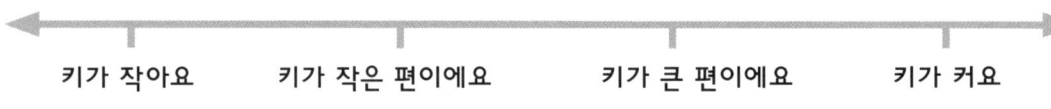

키가 작아요   키가 작은 편이에요   키가 큰 편이에요   키가 커요

연습

동사	형용사		있다 / 없다	-이다 / 아니다
	받침 ○	받침 ×		
-는 편이다	-은 편이다	-ㄴ 편이다	재미있는 편이다	적극적인 편이다
잘하는 편이다	작은 편이다	큰 편이다		

가 알맞은 것을 골라 바꿔 쓰십시오. (규칙)

1 이 쇼핑센터는 지하철역에서 가까워서 교통이 ___편리한___ 편이에요.

2 이 교실은 다른 교실보다 _____ 편이에요.
그래서 학생들이 많으면 교실이 답답해 보여요.10)

3 저는 보통 하루에 열 시간 정도 자요.
많이 _____ 편이에요.

4 보민 씨는 보통 밥을 두 그릇씩 먹어요.
많이 _____ 편이에요.

작다
먹다
자다
✓ 편리하다

new 10) 답답하다 to be stuffy

나 알맞은 것을 골라 바꿔 쓰십시오. (불규칙)

1 이 식당 김치찌개는 조금 ___매운___ 편이에요.

2 이 가방이 _____ 편이에요.
그래서 별로 들고 다니지 않아요.

3 집에서 버스 정류장이 _____ 편이어서
학교 다니기가 좀 불편해요.

4 저는 앤디 씨하고 계속 같이 공부했어요.
그래서 앤디 씨를 잘 _____ 편이에요.

5 유키 씨는 한국 음식을 잘 _____ 편이에요.
재료만 있으면 쉽게 요리해요.

멀다
알다
✓ 맵다
무겁다
만들다

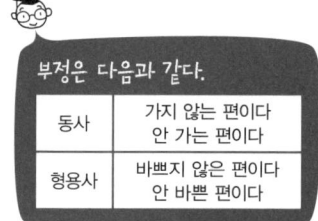

다 알맞은 것을 골라 바꿔 쓰십시오. (부정)

1 오늘은 숙제가 ___안 많은 / 많지 않은___ 편이에요.

2 오늘은 날씨가 많이 _____ 편이에요. 따뜻해요.

3 모니카 씨는 텔레비전을 많이 _____ 편이에요.

4 상우 씨는 음료수를 별로 _____ 편이에요.
음료수를 안 좋아하는 것 같아요.

춥다 ✗
✓ 많다 ✗
마시다 ✗
보다 ✗

3과

라. 맞는 문장을 고르십시오.

1 ① 가은 씨가 자는 편이에요. (   )
  ② 가은 씨가 많이 자는 편이에요. (✓)

2 ① 보민 씨가 음악을 듣는 편이에요. (   )
  ② 보민 씨가 음악을 자주 듣는 편이에요. (   )

3 ① 소영 씨가 노래를 부르는 편이에요. (   )
  ② 소영 씨가 노래를 잘 부르는 편이에요. (   )

4 ① 지훈 씨가 일어나는 편이에요. (   )
  ② 지훈 씨가 늦게 일어나는 편이에요. (   )

동사를 '-는 편이다'와 쓸 때는 '잘, 많이, 자주, 못, 안' 등과 같은 부사를 함께 씁니다.

활용

가. 자유롭게 대화를 완성하십시오.

1 A 주말에 이사 잘했어요?
  B 네, 친구들이 도와줘서 잘 끝났어요.
  A 새로 이사 간 집은 어때요?
  B 지은 지 얼마 안 돼서 깨끗한 편이에요.

2 A 카밀라 씨, 오랜만이에요.
  B 네, 안녕하세요? 모니카 씨. 요즘 어떻게 지내요?
  A 바쁘게 지내요. 카밀라 씨는요?
  B   .

3 A 사람 만나는 것을 좋아하세요?
  B 그럼요, 아주 좋아해요.
  A 그럼, 모르는 사람을 만나는 것도 좋아하세요?
  B   .

4 A 건강을 위해서 특별히 하는 거 있으세요?
  B 특별히 하는 운동은 없어요.
  A 그럼, 자주 걸으세요?
  B   .

정리하면서 써 보세요

	동사	-는 편이다
	가다	가는 편이다
	읽다	
으	쓰다	
ㄷ	듣다	
ㄹ	살다	
ㅂ	돕다	
르	부르다	
ㅅ	짓다	

	형용사	-은 편이다
	조용하다	
	작다	
으	나쁘다	
ㄹ	멀다	
ㅂ	춥다	
르	다르다	

재미있다	
적극적이다	

3과 문법 -긴 하다

의미 확인

가 알맞은 것에 ✓ 표시하십시오.

1. A 보민 씨가 요즘 공부를 열심히 해요?
   B _____. 하지만 시험 성적은 별로 좋지 않아요.
   - ☑ 네, 열심히 공부하긴 해요
   - ☐ 아니요, 공부를 잘 안 해요

2. A 이 옷이 저한테 어울려요?
   B _____. 하지만 값이 너무 비싼 것 같아요.
   - ☐ 네, 잘 어울리긴 해요
   - ☐ 아니요, 어울리지 않아요

3. A 집이 학교에서 멀지 않아요?
   B _____. 하지만 집 근처에 지하철역이 있어서 불편하지 않아요.
   - ☐ 네, 멀긴 해요
   - ☐ 아니요, 멀지 않아요

4. A 운동을 좋아하세요?
   B _____. 하지만 시간이 없어서 자주 못해요.
   - ☐ 네, 좋아하긴 해요
   - ☐ 아니요, 좋아하지 않아요

연습

동사	형용사	있다 / 없다	-이다 / 아니다
-긴 하다	-긴 하다	있긴 하다	동생이긴 하다
먹긴 하다	예쁘긴 하다		

가 알맞은 것을 골라 바꿔 쓰십시오. (현재)

1. A 학교 식당이 싸지요?
   B 네, 싸긴 해요.
   하지만 메뉴가 다양하지 않아요.

2. A 책 읽는 것을 좋아하세요?
   B 네, _____.
   하지만 요즘 바빠서 못 읽는 편이에요.

3. A 한국 신문을 자주 보세요?
   B 네, 가끔 _____.
   하지만 모르는 단어가 너무 많아요.

4. A 이 닭갈비가 맵지 않아요?
   B 네, 좀 _____.
   하지만 아주 맛있어요.

✓ 싸다
맵다
보다
좋아하다

나 알맞은 것을 골라 바꿔 쓰십시오. (과거)

1. A 지난주에 동규 씨 만나셨어요?
   B 네, 만나긴 했어요.
   하지만 바쁜 일이 생겨서 금방 헤어졌어요.

2. A 주말에도 아르바이트를 해서 피곤했지요?
   B 네, _____.
   하지만 일을 끝내서 마음이 가벼워요.

3. A 그 일식집¹¹⁾에서 먹은 회가 맛있었어요?
   B 네, _____.
   하지만 좀 비쌌어요.

4. A 세일이라서 백화점에 사람이 많았지요?
   B 네, _____.
   그래도 좋은 물건이 많아서 쇼핑은 잘 했어요.

맛있다
많다
✓ 만나다
피곤하다

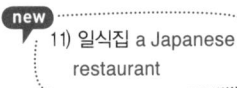
11) 일식집 a Japanese restaurant

가 자유롭게 대화를 완성하십시오.

1. A 누구 차예요?
   B 제 차예요.
   A 운전할 줄 아세요?
   B 네, 운전할 줄 알긴 하지만 자주 운전하지 않아요.

2. A 이 책 읽어 봤어요?
   B 네, 얼마 전에 읽었어요.
   A 책 읽는 것을 좋아하세요?
   B 네, _____.

3. A 어디에서 사세요?
   B 신촌 근처 원룸에서 살아요.
   A 방이 커요?
   B 네, _____.

4. A 여행 잘 다녀오셨어요?
   B 네, 잘 갔다 왔어요.
   A 여행이 재미있으셨어요?
   B 네, _____.

정리하면서 써 보세요

	동사	-긴 하다
	가다	가긴 하다
	읽다	
ㅇ	쓰다	
ㄷ	듣다	
ㄹ	살다	
ㅂ	돕다	
르	부르다	
ㅅ	짓다	

	형용사	-긴 하다
	비싸다	
	좋다	
ㅇ	나쁘다	
ㄹ	멀다	
ㅂ	춥다	
르	다르다	
	있다	
	학생이다	

단어

· 집

가 알맞은 것을 골라 쓰십시오.

> 원룸   하숙집   ✓주택   기숙사

   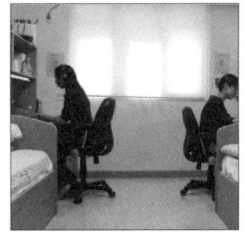

1 주택   2   3   4

나 알맞은 것을 고르십시오.

ㄱ. 난방이 안 되다
ㄴ. 물이 안 나오다
ㄷ. 창문이 안 닫히다
✓ㄹ. 가스가 안 들어오다
ㅁ. 비가 새다

1 ㄹ   2

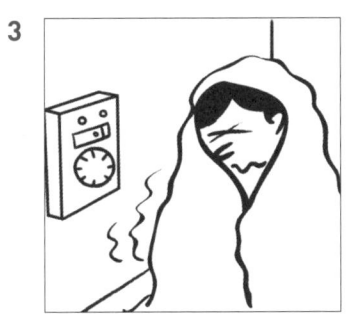  

3   4   5

3과

• 말하기 📖 p.54

가 알맞은 것을 골라 연결하십시오. 그리고 예문을 만드십시오.

1 공기가 • — • ㄱ. 좋다
2 전망이 • — • ㄴ. 맑다
3 집을 • • ㄷ. 짓다

예) 집 뒤에 산이 있어서 공기가 아주 맑아요.

예) _____.

예) _____.

나 알맞은 것을 골라 쓰십시오.

> 보증금   부동산   주택가   ✓ 주변 환경

지금 사는 집은 주변에 노래방도 많고 술집도 많아서 아주 시끄럽다. 밤마다 푹 쉴 수 없어서 1 __주변 환경__ 이/가 좋은 집으로 옮기려고 2 _____ 에 갔다. 부동산 중개인이 3 _____ 에 있는 조용한 원룸을 추천해 줬다. 그 원룸은 마음에 들긴 했지만 4 _____ 와/과 월세가 비싼 편이라서 지금 고민하고 있다.

• 듣고 말하기 📖 p.58

가 알맞은 것을 골라 바꿔 쓰십시오.

1 그 식당은 음식은 맛있지만 종업원이 __불친절해__ 서 또 가고 싶지 않아요.

2 거리에 쓰레기가 많아서 너무 _____.

3 친구가 같이 사업을 하자고 _____ 지만 자신이 없어요.

4 다음 달에 이사를 해야 해서 지금 집을 _____ 고 있어요.

> 구하다
> 제안하다
> ✓ 불친절하다
> 지저분하다

나 알맞은 것을 골라 쓰십시오.

〈소영 씨가 학교 게시판을 보고 있는 모니카 씨를 우연히 만났습니다.〉

A 모니카!
B 어, 1 ___깜짝이야___ ! 소영이구나.
A 2 _____?
B 응, 하숙집 광고.

- 뭘 그렇게 열심히 보고 있어
- 우리 이렇게 하면 어떨까
- 그래그래
- ✓ 깜짝이야

B 하숙집 생활도 힘들고 기숙사 생활도 힘들고……, 어떻게 하지?
A 그럼, 3 _____?
B 어떻게?
A 원룸을 하나 구해서 같이 사는 게 어때?
B 4 _____. 같이 영어와 한국어도 연습할 수 있으니까 좋을 것 같아.

· 읽고 말하기 SB p.61

가 알맞은 것을 골라 바꿔 쓰십시오.

1 저는 기숙사에 들어가고 싶었지만
  신청한 사람이 많아서 ___떨어졌어요___ .

2 우리 반은 학생들이 서로 잘 도와줘서
  _____ 분위기에서 마음 편하게 공부하고 있어요.

3 제 언니는 작은 서점을 _____는데 책을 좋아해서
  그 일이 아주 좋대요.

4 제가 낸 하숙비에는 식사 값이 _____지 않아서
  식사하려면 돈을 더 내야 해요.

- ✓ 떨어지다
- 운영하다
- 포함되다
- 가족적이다

3과

나 공통으로 들어가는 것을 골라 쓰십시오.

> 각각   ✓따로   미리

1
- 원룸은 관리비와 가스 요금을 ___따로___ 내야 해서 하숙집보다 비싸요.
- 대학교에 입학한 다음부터 부모님과 _____ 살았어요.

2
- 기숙사에서 살려면 _____ 신청해야 합니다.
- 다음 달에 일본으로 여행 가려고 _____ 비행기 표를 샀어요.

3
- 기숙사, 하숙집, 원룸은 _____ 장단점이 있으니까 잘 맞는 집을 찾으세요.
- 우리 네 명은 _____ 다른 테이블에 앉아서 식사했어요.

· 단어 종합문제

가 공통으로 들어가는 것을 골라 쓰십시오.

1
- 빵이 하나 밖에 없어서 우리 둘은 빵을 반 ___씩___ 나눠서 먹었어요.
- 어머니는 아이들에게 1000원 _____ 줬어요.
- 책상 위에 있는 종이를 두 장 _____ 가지고 가세요.

> 요금
> 점
> ✓씩

2
- 학교의 불편한 _____ 에 대해서 이야기하겠습니다.
- 이 책의 나쁜 _____ 을/를 이야기해 보세요.
- 우리 집의 좋은 _____ 은/는 전망이 좋다는 것입니다.

3
- 전기 _____ 을/를 내러 은행에 갔어요.
- 가스 _____ 을/를 안 내서 가스가 안 들어와요.
- 여름이라서 물을 많이 써서 수도 _____ 이/가 많이 나왔어요.

나 알맞은 것을 골라 대화를 완성하십시오.

A 지금 살고 있는 원룸이 불편해서 이사하고 싶어요.

B 왜요? 주위에 산이 있어서 공기도 1 __맑__ 고 전망도 좋다고 했잖아요.

A 네, 그렇긴 하지만 집을 2 _____ 지 오래 돼서 좀 지저분해요. 그리고 교통도 불편하고요.

B 그래요? 그럼, 어디로 이사 가고 싶어요?

A 교통도 편리하고 쇼핑센터도 있고 3 _____ 도 좋은 곳으로 가고 싶어요.

B 그런 곳을 좀 알아보셨어요?

A 네, 4 _____ 에 여러 번 가 봤어요. 그렇지만 좋은 곳은 별로 없었어요.

B 그럼, 하숙집에서 사는 건 어때요?

A 5 _____ 을/를 해야 하니까 불편할 것 같아요.

B 혼자 쓸 수 있는 방이 있는 하숙집도 있대요.

A 그래요? 하숙집도 한번 알아봐야겠어요. 고마워요.

B 아, 참! 하숙비에 전기 6 _____ 도 포함되는 거 알고 있지요?

A 네, 알아요. 그런데 하숙비에 식사비도 포함되어 있어요?

B 아마 그건 하숙집마다 다를 거예요.

공동생활
✓ 맑다
요금
짓다
주변 환경
부동산

3과 발음

가　맞는 발음을 고르십시오.　CD 8

1 특히
　① [트키]　　　② [트기]

2 좋긴 해요
　① [조킨 해요]　　　② [조긴 해요]

3 익숙해졌어요
　① [익쑤캐져써요]　　　② [익쑤개져써요]

나　듣고 따라하십시오. 　CD 9

1 A 뭘 그렇게 열심히 보고 있어?
　B 응, 하숙집 광고.

2 A 싱크대 물이 안 내려가요. 어떻게 해야 할지 잘 모르겠어요.
　B 잠깐만 기다리세요. 제가 지금 가 볼게요.

다　듣고 쓰십시오. 　CD 10

1 _____.

2 _____.

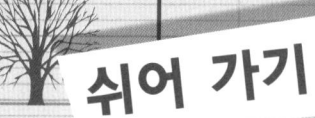

쉬어 가기 한국 문화 Q&A

한국 집들은 왜 방바닥이 따뜻할까요?

한국의 전통적인 난방 방식은 온돌입니다. 온돌은 아궁이에서 불을 때서 방바닥을 따뜻하게 하는 난방 방식입니다. 온돌식 난방은 한국 사람들의 생활에 뿌리 깊게 자리 잡아서, 지금도 한국의 집들은 온돌처럼 방바닥을 따뜻하게 합니다.

Why do Korean homes have heated floors?

The traditional Korean heating system is called *ondol*, floors heated by circulating warm air underneath. Since the traditional Korean lifestyle consisted of eating, sleeping, studying and entertaining guests on the floor of one's house, *ondol* was the most practical option for staying warm during the freezing winters. This traditional style of heating is deeply rooted in Korean society, and even today people still use various forms of *ondol*.

4과

초대와 방문

문법	p.60	-을 테니까
	p.63	-으면서
단어	p.65	
발음	p.69	
쉬어가기	p.70	

4과 문법 -을 테니까

SB p.68　별책 p.15

의미 확인

가 알맞은 것을 골라 연결하십시오.

제가 피아노를 칠 테니까 보민 씨가 노래를 부르세요.

1 제가 피아노를 칠 테니까　　•　　•　ㄱ. 렌핑 씨가 나중에 설거지 하세요.
2 제가 요리할 테니까　　　　　•　　•　ㄴ. 보민 씨가 노래를 부르세요.
3 제가 카메라를 빌려줄 테니까 •　　•　ㄷ. 커피를 사세요.
4 제가 점심 살 테니까　　　　•　　•　ㄹ. 다음 주에 돌려주세요.

연습

동사		형용사	있다	-이다 / 아니다
받침 O	받침 X			
-을 테니까	-ㄹ 테니까	X	먹고 있을 테니까	X
먹을 테니까	갈 테니까			

가 알맞은 것을 골라 바꿔 쓰십시오. 규칙

1 제가 청소할게요. 그러니까 상우 씨는 빨래를 하세요.
→ 제가 ___청소할 테니까___ 상우 씨는 빨래를 하세요.

2 제가 저녁을 살게요. 그러니까 윤호 씨가 영화를 보여 주세요.
→ 제가 저녁을 _____ 윤호 씨가 영화를 보여 주세요.

3 제가 큰 소리로 읽을게요. 그러니까 카밀라 씨가 잘 들어 보세요.
→ 제가 큰 소리로 _____ 카밀라 씨가 잘 들어 보세요.

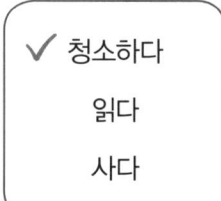
✓ 청소하다
읽다
사다

나 알맞은 것을 골라 바꿔 쓰십시오. 불규칙

1 A 제가 잘 ___들을 테니까___ 이야기 좀 해 보세요.
  B 네, 그럼 얘기할게요.

2 A 자전거가 한 대 밖에 없어요.
  B 그럼, 저는 _____ 가은 씨가 자전거를 타세요.

3 A 일이 너무 많지요? 제가 _____ 너무 걱정하지 마세요.
  B 감사합니다.

4 A 제가 맛있는 중국 음식을 _____ 한번 먹어 보세요.
  B 고마워요. 그런데 시간이 얼마나 걸려요?

돕다
✓ 듣다
걷다
만들다

가 자유롭게 대화를 완성하십시오.

1. A 제가 무엇을 준비할까요?
   B 제가 음식을 준비할 테니까 한스 씨는 음료수를 좀 사 오세요.
   A 어떤 음료수가 좋을까요?
   B 포도 주스나 오렌지 주스가 좋을 것 같아요.

2. A 제가 집을 청소할까요?
   B _____.
   A 사람들이 어떤 음식을 좋아할까요?
   B _____.

3. A 제가 지훈 씨 생일 케이크를 만들까요?
   B _____.
   A 어떤 선물이 좋을까요?
   B _____.

4. A 친구들한테 연락할까요?
   B _____.
   A 어떤 음악이 좋을까요?
   B _____.

정리하면서 써 보세요

동사		-을 테니까	동사		-을 테니까
	가다	갈 테니까	ㄹ	살다	
	읽다		ㅂ	돕다	
으	쓰다		르	부르다	
ㄷ	듣다		ㅅ	짓다	
			먹고 있다		

문법 -으면서

4과   SB p.69   별책 p.16

의미 확인

가 알맞은 것을 고르십시오.

 ㄱ
 ㄴ
 ㄷ

1 커피를 마시면서 얘기해요.   ㄱ
2 공부하면서 음악을 들어요. _____
3 이야기하면서 수첩12)에 써요. _____

new
12) 수첩 a pocket notebook

연습

동사		형용사	있다 / 없다	-이다 / 아니다
받침 ○	받침 ×			
-으면서	-면서	×	×	×
먹으면서	가면서			

가 알맞은 것을 골라 바꿔 쓰십시오. (규칙)

1 미나 씨는 ___운전하면서___ 음악을 듣는 것을 좋아해요.
2 렌핑 씨가 텔레비전을 _____ 전화해요.
3 윤호 씨가 책을 _____ 과자를 먹어요.
4 상우 씨가 창문을 _____ 콧노래를 불러요.

닦다
✓ 운전하다
읽다
보다

나 알맞은 것을 골라 바꿔 쓰십시오. 불규칙

1 한스 씨가 한국어 CD를 ___들으면서___ 한국말을 연습해요.
2 카밀라 씨가 _____ 휴대전화로 친구와 통화해요.
3 보민 씨가 음식을 _____ 친구하고 전화해요.

걷다
✓ 듣다
만들다

가 자유롭게 대화를 완성하십시오.

1 A 공부하면서 보통 뭐 하세요?
  B 공부하면서 음악을 들어요.
2 A 식사하면서 보통 뭐 하세요?
  B _____.
3 A 음악을 들으면서 보통 뭐 하세요?
  B _____.
4 A 영화를 보면서 보통 뭐 먹어요?
  B _____.
5 A 사진 찍으면서 뭐라고 말해요?
  B _____.

정리하면서 써 보세요

	동사	-으면서
	가다	가면서
	읽다	
ㅇ	쓰다	
ㄷ	듣다	

	동사	-으면서
ㄹ	살다	
ㅂ	돕다	
르	부르다	
ㅅ	짓다	

단어

· 초대와 방문

가 관계있는 것을 골라 쓰십시오.

> ✓ 축의금   시집가다   조의금   빈소   부케
> 영정   피로연   장가가다   향

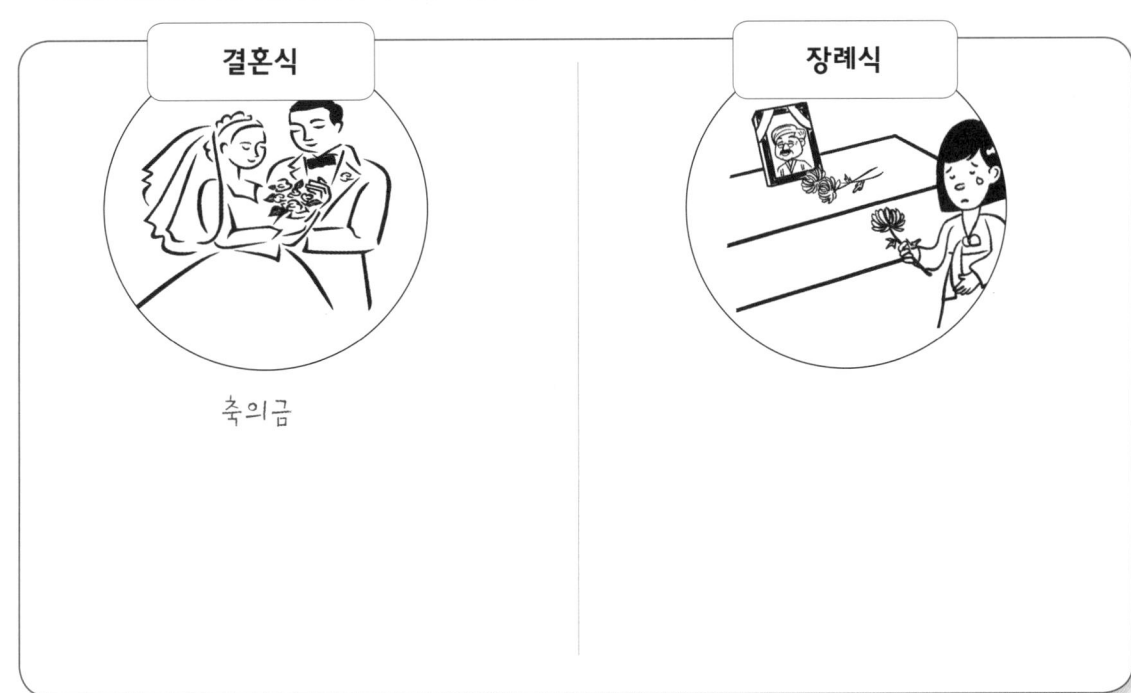

결혼식 — 축의금

장례식

나 알맞은 것을 골라 연결하십시오.

1 절을 · — · ㄱ. 하다
2 박수를 · · ㄴ. 던지다
3 향을 · · ㄷ. 맞다
4 부케를 · · ㄹ. 치다
5 손님을 · · ㅁ. 피우다

4과

다 알맞은 것을 골라 쓰십시오.

1. A 무슨 일로 오셨습니까?
   B 한스 씨를 뵈러 왔는데요.
   A 지금 자리에 안 계신데, 잠시만 기다려 주시겠습니까?

2. A 이렇게 와 주셔서 감사합니다.
   B (선물을 주면서) 저, 이거……
   A _____?
   B 별거 아니에요.

3. A 이쪽에 앉으세요.
   B 감사합니다.
   A _____?
   B 차 한 잔 주시겠어요?

> 뭐 마실 것 좀 드릴까요
> ✓ 무슨 일로 오셨습니까
> 뭐 이런 걸 다 사 오셨어요

• 말하기   SB p.70

가 알맞은 것을 골라 쓰십시오.

> ✓ 수업 중   외출 중   회의 중   식사 중

1.
   정 교수님
   A 정 교수님을 뵈러 왔는데요.
   B 지금 ____수업 중____ 이십니다.

2.
   김 선생님
   A 김 선생님을 뵈러 왔는데요.
   B 지금 _____ 이십니다.

3
이상우 씨

A 이상우 씨를 만나러 왔는데요.
B 지금 _____ 이십니다.

4
김 부장님

A 김 부장님을 뵈러 왔는데요.
B 지금 _____ 이십니다.

• 듣고 말하기 📖 p.74

가 알맞은 것을 골라 쓰십시오.

> 세배   ✓ 떡국   세뱃돈   윷놀이

1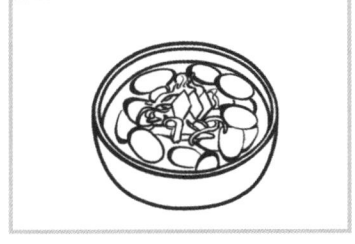
떡국

2

3

4

읽고 말하기 📖 p.77

가 알맞은 것을 골라 쓰십시오.

1 나는 반지, 목걸이 같은 ___액세서리___ 을/를 하는 것을 좋아한다.
2 이 문법은 틀리기 쉬우니까 언제나 _____ 을/를 써서 사용해야 한다.
3 보통 아침에 빵을 먹지만 오늘은 빵이 없어서 빵 _____ 밥을 먹었다.
4 면접을 보려고 _____ 에서 기다릴 때 정말 많이 긴장이 된다.
5 아무리 가까운 _____ (이)라도 예의는 지켜야 한다.

- 대신
- 신경
- 사이
- ✓ 액세서리
- 대기실

단어 종합 문제

가 알맞은 것을 골라 대화를 완성하십시오.

A 어서 오세요.
B 1 __초대해__ 주셔서 감사합니다.
A 뭘요, 바쁘신데 와 주셔서 제가 더 감사하지요.
C 저, 이거…….
A 뭐 이런 걸 다 사오셨어요?
C 2 _____. 받으세요.
A 감사합니다. 차를 준비할 테니까 여기에 앉아서 이야기 좀 3 _____ 세요.
B 집이 참 좋네요. 결혼한 지 얼마 안 돼서 그런지 집이 더 따뜻해 보여요.
A 4 _____ 주셔서 감사합니다.
그런데 결혼식 때 축하하러 와 주셨는데 제가 신경을 못 5 _____. 죄송해요.
C 무슨 말씀을요. 이거 결혼식 때 찍은 사진이지요? 결혼식 때 정말 예쁘셨어요.
A 아니에요, 지금 보니까 화장이 너무 6 _____ 서 좀 이상한 것 같아요.
자, 여기 차 좀 드세요.
B, C 감사합니다.

- 나누다
- 진하다
- 칭찬하다
- 쓰다
- ✓ 초대하다
- 별거 아니에요

발음

가 맞는 발음을 고르십시오. CD 11

1 연휴
① [여휴] ② [여뉴]

2 결혼식
① [겨혼식] ② [겨론식]

3 진하게
① [지하게] ② [지나게]

나 듣고 따라하십시오. CD 12

1 A 새해 복 많이 받으세요.
B 네, 미나 씨도 새해 복 많이 받으세요.

2 A 무슨 전통 놀이를 했는데, 이름은 잊어버렸어요.
B 윷놀이요?

다 듣고 쓰십시오. CD 13

1 _____.

2 _____.

쉬어 가기   한국 문화 Q&A

윷놀이가 어떤 놀이인지 아세요?

윷놀이는 설날에 가족들이 다 같이 모여서 하는 전통 놀이입니다.

윷놀이 준비물 : 말판, 말, 윷, 담요

윷놀이 하는 방법

1. 2~4팀으로 나눈다.
2. 한 팀에서 한 명씩 돌아가면서 윷을 던진다.
3. 윷이 떨어진 모양에 따라 말판에서 말을 움직인다. 도는 한 칸, 개는 두 칸, 걸은 세 칸, 윷은 네 칸, 모는 다섯 칸을 움직인다. 이때 윷이나 모가 나오면 한 번 더 윷을 던진다.
4. 말 네 개가 먼저 나오는 팀이 이긴다.

Do you know what Yunnori (윷놀이) is?

Yunnori is a traditional Korean game that is played during the Lunar New Year holiday when the entire family gathers together.

To play *Yunnori*, you need four sticks called *yut*, a game board, game pieces, and a blanket.

How to play *Yunnori*:

1. Divide into 2~4 teams
2. One person from each team takes turns throwing the sticks into the air, making sure that the sticks fall within the bounds of the blanket.
3. The movement of the game pieces is determined by the position of the sticks; namely, how many sticks are facing up or down. Each position has a name: if you throw a Do, you move one square, *gae* two squares, *gul* three squares, *yut* four squares, and *mo* five squares. If you get either *yut* or *mo*, you get to throw the sticks again.
4. The first team to get all four pieces to the end of the game board wins the game.

5과

외모와 성격

문법	p.72	- 다
	p.75	- 아/어 보니까
단어	p.77	
발음	p.82	
쉬어가기	p.83	

5과 문법 -다

의미 확인

가 알맞은 것을 골라 연결하십시오.

1 어제 파티에 친구들이 50명이나 왔어. • • ㄱ. 야! 진짜 많이 읽는다!
2 나는 1주일에 책을 세 권이나 읽어. • • ㄴ. 야! 정말 맛있다!
3 이 음식 어때? • • ㄷ. 야! 정말 많다!
4 나는 신발이 30켤레쯤 있어. • • ㄹ. 야! 정말 많이 왔다!

연습

동사		형용사	있다/없다	-이다/아니다	
받침 ○	받침 ×			받침 ○	받침 ×
-는다	-ㄴ다	-다	있다	의사다	선생님이다
먹는다	간다	아프다			

가 알맞은 것을 골라 바꿔 쓰십시오. (현재 규칙)

1 A 나는 하루에 다섯 시간씩 공부해.
  B 야! 너 정말 열심히 ___공부한다___ !

2 A 나는 하루에 열 시간씩 자.
  B 야! 정말 많이 _____ !

3 A 앤디는 갈비를 혼자서 보통 5인분은 먹는대.
  B 야! 정말 많이 _____ !

4 A 오늘 하늘에 구름13)이 하나도 없어.
  B 야! 정말 날씨가 _____ !

5 A 내 여동생 키는 180cm이야.
  B 야! 진짜 _____ !

크다
먹다
좋다
자다
✓공부하다

new
13) 구름 a cloud

나 알맞은 것을 골라 바꿔 쓰십시오. 현재 불규칙

1 A 여기는 외국인들이 정말 많이 ___산다___ !
   B 응, 이 동네에는 외국인들이 많은 편이야.

2 A 나는 그 가수의 가족, 취미, 특기14)를 다 알고 있어.
   B 작은 일까지 정말 많이 _____! 대단해.

3 A 이거 내가 만든 케이크야.
   B 야! 정말 잘 _____! 아주 맛있어.

알다
만들다
✓ 살다

14) 특기 a special ability

다 알맞은 것을 골라 바꿔 쓰십시오. 과거

1 A 불고기를 4인분 시켰어.
   B 너무 많이 ___시켰다___ ! 우리 두 사람이 다 먹을 수 있을까?

2 A 어제 내 생일파티에 친구들이 30명이나 왔어.
   B 야! 진짜 많이 _____!

3 A 어제 남자친구하고 전화로 세 시간 동안 얘기했어.
   B 정말 오랫동안 _____!

4 A 이거 지난 방학 때 여행가서 찍은 사진이야.
   B 이렇게 많이? 진짜 많이 _____!

통화하다
✓ 시키다
오다
찍다

라 -겠다 알맞은 것을 골라 바꿔 쓰십시오.

1 A 거기 날씨는 어때? 여기는 -20°C야.
   B 그래? 정말 ___춥겠다___ !

2 A 내일 친구들과 놀이공원에 가기로 했어.
   B 정말 _____!

3 A 어제 집에 가다가 중학교 때 동창15)을 만났어.
   B 그래? 정말 _____!

4 A 어제 콘서트에 유명한 가수가 많이 왔어.
   B 그래? 그럼, 구경하는 사람들도 _____!

✓ 춥다
재미있다
많다
반갑다

15) 동창 an alumnus

가 자유롭게 대화를 완성하십시오.

1 A 저 농구 선수 농구 잘하지?
   B 어, 정말 잘 한다!

2 A 저 영화배우 잘생겼지?
   B 야! _____!

3 A 짧은 치마를 입은 아이가 누구야?
   B 나야.
   A 너 어렸을 때 _____!

4 A 어제 친구하고 약속이 있었는데, 친구가 늦게 와서 한 시간이나 기다렸어.
   B 그래? _____!

정리하면서 써 보세요

	동사	현재	과거
	가다	간다	갔다
	읽다		
으	쓰다		
ㄷ	듣다		
ㄹ	살다		
ㅂ	돕다		
르	부르다		
ㅅ	짓다		

	형용사	현재	과거
	크다		
	작다		
으	나쁘다		
ㄹ	멀다		
ㅂ	춥다		
르	다르다		
	재미있다		
	선생님이다		

문법 -아/어 보니까

SB p.85　별책 p.19

5과

의미 확인

가 알맞은 것을 고르십시오.

- ㄱ. 3급에서 공부해 보니까
- ✓ ㄴ. 한국 음식을 먹어 보니까
- ㄷ. 한국 사람하고 얘기해 보니까
- ㄹ. 서울 지하철을 이용해 보니까

1. ___ㄴ___ 맛있었어요.
2. _____ 2급보다 어렵지 않았어요.
3. _____ 빠르고 편리했어요.
4. _____ 친절하고 재미있었어요.

연습

동사	형용사	있다 / 없다	-이다 / 아니다
-아/어 보니까 가 보니까	×	×	×

가 알맞은 것을 골라 바꿔 쓰십시오.

1. 제주도에 ___가 보니까___ 경치가 아름다웠어요.
2. 서울에서 지하철을 _____ 빠르고 깨끗했어요.
3. 삼성 휴대전화를 _____ 편리했어요.
4. 그 가수의 노래를 직접 _____ 그 가수가 왜 그렇게 유명한지 알겠어요.
5. 불고기를 _____ 쉬웠어요.
6. 영화배우를 직접 _____ 멋있었어요.

✓ 가다　듣다
보다　타다
만들다　쓰다

가 자유롭게 대화를 완성하십시오.

1 A 한국에서 살아 보니까 어때요?
　B 한국에서 살아 보니까 신기한 것이 많아서 재미있어요.

2 A 한국 신문을 읽어 보니까 어때요?
　B _____.

3 A 한국어를 공부해 보니까 어때요?
　B _____.

4 A _____ 을/를 사용해 보니까 어때요?
　B _____.

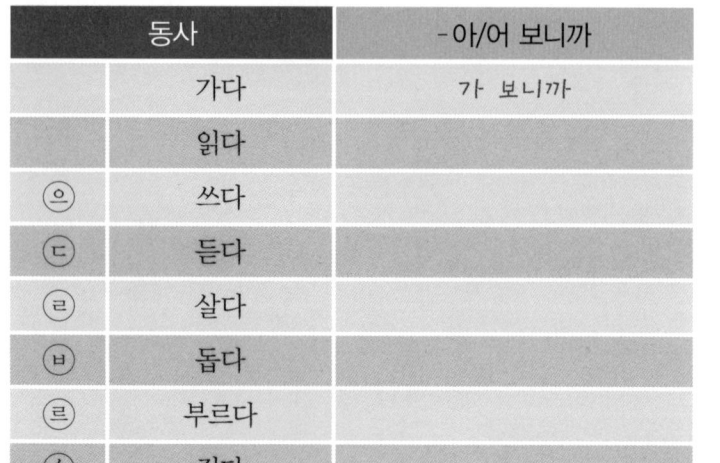

	동사	-아/어 보니까
	가다	가 보니까
	읽다	
으	쓰다	
ㄷ	듣다	
ㄹ	살다	
ㅂ	돕다	
르	부르다	
ㅅ	짓다	

단어

5과

· 외모와 성격

가 알맞은 것을 골라 쓰십시오.

| ✓단발머리 | 파마머리 | 스포츠형 머리 | 생머리 |

1. 단발머리 2. 3. 4.

나 알맞은 것을 골라 쓰십시오.

| 말랐다 | 체격이 좋다 | ✓갸름하다 | 통통하다 | 둥글다 | 날씬하다 |

얼굴
1. 갸름하다   2. ___

몸
3. ___   4. ___
5. ___   6. ___

5과

다 알맞은 것을 골라 쓰십시오.

> ✓ 솔직하다　　얌전하다　　적극적이다　　이해심이 많다
> 유머 감각이 있다　　점잖다　　활동적이다　　사교적이다

저는 거짓말하는 것을 아주 싫어해요. 항상 진짜 내 마음을 얘기해요.

1. 솔직하다

저는 새로운 모임에 나가도 쉽게 사람들을 잘 사귀는 편이에요.

2. _____

저는 성격도 조용하고 행동도 조용한 편이에요.

3. _____

저는 수업 시간에 선생님이 질문하면 제일 먼저 대답해요. 그리고 졸업식 공연도 제가 먼저 하자고 했어요.

4. _____

저는 언제나 재미있게 얘기해요. 사람들은 제가 재미있대요.

5. _____

저는 나이가 어리지만 사람들은 저한테 어른 같다고 해요. 그리고 저는 예의를 지키는 것이 중요하다고 생각해요.

6. _____

전 집에서 쉬는 것보다 여기저기 다니면서 움직이는 게 훨씬 좋아요. 운동도 좋아해요.

7. _____

저는 다른 사람들의 마음을 잘 알고 이해하는 편인 것 같아요.

8. _____

• 말하기 📖 p.86

가 알맞은 것을 골라 바꿔 쓰십시오.

A 소영아, 얼굴이 좋아 보인다. 주말 잘 보냈어?
B 어제 가은이 오빠를 소개 받아서 만났어.
A 정말?
B 두 시에 만나서 놀다가 열 시 쯤 헤어졌어.
A 야! 거의 1 <u>하루 종일</u> 같이 있었네.
　오빠가 마음에 들었어?
B 응, 키도 크고 유머 감각도 있고……
A 얼굴은 2 _____?
B 글쎄…….
A 자세히 3 _____ 봐.
B 너무 잘 생겨서 설명하기 힘들어.
A 뭐라고?

> 묘사하다
> ✓ 하루 종일
> 어떻게 생겼는데

• 듣고 말하기 📖 p.90

가 알맞은 것을 골라 바꿔 쓰십시오.

> 극장에서 우연히 가은이와 오빠를 보게 됐는데 오빠는 키도 크고 머리도 길고 멋있어서 내 마음에 꼭 들었다. 1. <u>인상</u> 이/가 너무 좋아서 내가 가은이에게 오빠에 대해서 먼저 물어봤다. 가은이는 나에게 오빠를 소개해 줬다. 오빠를 소개 받는 날 나는 일찍 일어나서 화장도 하고 머리도 2 _____ 고 나갔다.
> 나는 3 _____ 을/를 사귄 적이 없어서 너무 긴장됐다. 그날 오빠는 청바지와 스웨터를 입었고, 긴 머리에 무스를 4 _____ . 역시 멋있었다. 우리는 만나서 커피를 마시면서 이야기했는데 오빠가 이야기를 재미있게 해서 많이 웃었다. 그리고 우리는 대화가 잘 5 _____ 서 시간이 지나는 것도 모르고 커피숍에 앉아서 다섯 시간이나 이야기했다. 그 다음부터 우리는 사귀기 시작했고, 오늘이 바로 사귄 지 1년 되는 날이다.

> 드라이하다
> 바르다
> 통하다
> ✓ 인상
> 이성 친구

5과

·읽고 말하기 SB p.93

가 알맞은 것을 골라 연결한 후 조사를 쓰십시오.

1. 생각 [이] • • ㄱ. 지키다
2. 비밀 [ ] • • ㄴ. 있다
3. 능력 [ ] • • ㄷ. 깊다

나 알맞은 것을 골라 쓰십시오.

1.  내 친구는 ___입이 무겁다___.

> 내 친구는 생각이 깊다. 그래서 내가 다른 사람한테 말하지 못하는 힘든 일이 있을 때 이야기를 많이 들어준다. 그리고 다른 사람에게 절대 그 이야기를 하지 않아서 언제든지 믿고 이야기를 할 수 있는 친구다.

2.  우리 형은 _____.

> 우리 형은 아주 활동적이고 사교적인 사람이라서 모임에 자주 나가고 사람들도 자주 만난다. 그래서 이번에 형이 가게를 새로 열었을 때 정말 많은 사람들이 가게를 방문했다. 그 때 형이 얼마나 다양한 사람들을 많이 알고 있는지 알고 놀랐다.

3.  내 여동생은 _____.

> 내 여동생은 성격도 활발하고 얼굴도 귀여운 편이다. 내 여동생을 좋아하는 남자가 여러 명 있는 것 같지만 내 여동생은 다 별로라고 한다. 그래서 어떤 남자를 좋아하냐고 물어보면 외모도, 성격도, 머리도, 직장도 다 좋은 남자라고 한다. 내 여동생과 결혼할 남자는 이 세상에 없을 것 같다.

·단어 종합 문제

가 알맞은 것을 골라 대화를 완성하십시오.

A 진호 씨, 여자 친구가 생겼다고 들었어요.

B 네, 패러글라이딩 1 ___동호회___ 에서 만났어요.

A 2 _____ 이/가 어땠는데요?

B 너무 예뻤어요. 처음 나간 모임에 50명이 3 _____ 는 사람들이 있었는데, 여자 친구만 보였어요.

A 여자 친구가 어떻게 생겼는데요?

B 짧은 4 _____ 에 안경을 5 _____ 고 있어요. 그리고 웃는 모습이 참 예뻐요.

A 성격은 어때요?

B 사람들하고 이야기하는 것도 좋아하고 운동도 좋아해요.

A 아주 6 _____ 것 같아요.

B 네, 그래서 저하고 7 _____ 이/가 아주 잘 맞아요. 이번 주말에도 같이 등산가기로 했어요.

첫인상
끼다
단발머리
활동적이다
✓ 동호회
넘다
성격

5과 발음

가 맞는 발음을 고르십시오. CD 14

1 성격
   ① [성격]   ② [성껵]

2 활동적이다
   ① [활동적이다]   ② [활똥저기다]

3 솔직하다
   ① [솔지카다]   ② [솔찌카다]

나 듣고 따라하십시오. CD 15

1 A 너 지난 토요일에 서울 극장에 갔지?
   B 어, 어떻게 알았어?

2 A 오빠가 잘생겨서 인기도 많을 것 같아.
   B 아침마다 드라이하고 무스 바르고……. 오빠가 외모에 얼마나 신경을 쓰는데.

다 듣고 쓰십시오. CD 16

1 _____ .

2 _____ .

쉬어 가기 — 한국 문화 Q&A

눈이 크면 겁이 많다고요?

'눈이 크면 겁이 많다.'는 말을 들어 보셨어요? 눈이 큰 사람은 금방이라도 울 것 같은 표정 때문에 겁이 많다는 선입견이 있습니다. 또 '작은 고추가 맵다'라는 말도 있어요. 비록 체구는 작지만 똑똑하고 야무지다는 뜻이지요. 여러분은 어떠세요? 눈이 크세요? 그럼, 정말 겁이 많은지 한번 생각해 보세요.

If you have big eyes, are you a coward?

Have you heard the expression "If you have big eyes, you are a coward." This is because people with big eyes look like they are on the verge of crying. There is also the expression "The little pepper is the spiciest." This means that although one's body size might be small, he/she can be a very strong and fiery person. How about you? Are your eyes big? If they are, perhaps you should think about how brave you really are.

6과

문제

문법	p.86	- 기 때문에
	p.90	- 았/었으면 좋겠다
	p.93	- 던데요
단어	p.97	
발음	p.101	
쉬어가기	p.102	

6과 문법 -기 때문에

SB p.100　별책 p.20

의미 확인

가 비슷한 의미를 고르십시오.

1. **A** 왜 지하철을 이용하세요?
   B 지하철이 버스보다 <u>빠르기 때문에</u> 지하철을 이용해요.

   ☑ ① 빨라서　　　② 빠르지만

2. **A** 왜 밖에서 전화를 하고 계세요?
   B 아이가 방에서 <u>자고 있기 때문에</u> 조용히 해야 돼요.

   ① 자고 있어서　　　② 자고 있지만

3. **A** 왜 오늘 회의가 연기 됐습니까?
   B 갑자기 상우 씨가 출장을 <u>갔기 때문에</u> 연기됐습니다.

   ① 가서　　　② 가도

4. **A** 왜 오늘 소라 씨 집에서 하는 파티에 못 오세요?
   B 죄송해요. 내일 시험이 <u>있기 때문에</u> 공부해야 돼요.

   ① 있지만　　　② 있어서

연습

동사	형용사	있다 / 없다	-이다/아니다	
			받침 ○	받침 ×
-기 때문에	-기 때문에	있기 때문에	어른이기 때문에	아이기 때문에
먹기 때문에	아프기 때문에			

가 알맞은 것을 골라 바꿔 쓰십시오. 〔현재〕

1. 오늘은 <u>바람이 많이 불기 때문에</u> 외출하지16) 않으려고 해요.
2. 모니카 씨는 _____ 통역 아르바이트를 하고 싶어 해요.
3. 저는 _____ 음식을 맵게 만들어도 괜찮아요.
4. 오늘은 _____ 맛있는 저녁을 먹으면서 친구들하고 신나게 놀고 싶어요.
5. 렌핑 씨하고 같은 동네에 _____ 친해졌어요.

> 살다
> 제 생일이다
> 외국어를 잘하다
> ✓ 바람이 많이 불다
> 매운 음식을 잘 먹다

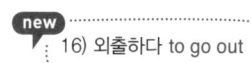
16) 외출하다 to go out

나 알맞은 것을 골라 바꿔 쓰십시오. 〔현재〕

1. 오늘 너무 <u>덥기 때문에</u> 밖에 안 나갈 거예요.
2. 가은 씨는 _____ 모임에 못 갈 거예요.
3. 저는 집에 갈 때 항상 30분 이상 _____ 운동을 안 해도 돼요.
4. 소영 씨가 지금 음악을 _____ 불러도 못 들을 거예요.
5. 옆에서 집을 새로 _____ 집에 있으면 하루 종일 시끄러워요.
6. 그 사람의 전화번호를 _____ 전화할 수 없어요.

> 바빠요
> 몰라요
> 들어요
> ✓ 더워요
> 걸어요
> 지어요

다 알맞은 것을 골라 바꿔 쓰십시오. 〔과거〕

1. 어제 일을 많이 <u>했기 때문에</u> 오늘은 쉬고 싶어요.
2. 감기에 _____ 술을 마시면 안 돼요.
3. 어제도 _____ 오늘은 학교에 일찍 가야 돼요.
4. 물가가 많이 _____ 생활이 힘들어요.

> 지각했다
> ✓ 했다
> 걸렸다
> 올랐다

6과

라 알맞은 것을 고르십시오.

1 어머니가 말을 안 듣는 (① 아이 때문에 / ② 아이기 때문에) 화가 나셨어요. *[① checked]*

2 내일은 (① 크리스마스 때문에 / ② 크리스마스기 때문에) 회사에 안 가요.

3 제가 사는 곳은 (① 원룸 때문에 / ② 원룸이기 때문에) 관리비를 내야 돼요.

4 요즘 주말에 하는 (① 아르바이트 때문에 / ② 아르바이트기 때문에) 몸이 피곤해요.

마 알맞은 말을 고르십시오.

1 (① 시끄럽기 때문에 / ② 시끄러우니까) 문 좀 닫아 주세요. *[② checked]*

2 다리가 (① 아프기 때문에 / ② 아프니까) 우리 좀 쉬는 게 어때요?

3 오늘 시험이 (① 끝났기 때문에 / ② 끝났으니까) 술 한잔하러 갑시다.

4 (① 주말이기 때문에 / ② 주말이니까) 외식할까요[17]?

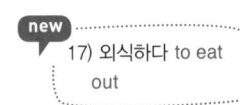
17) 외식하다 to eat out

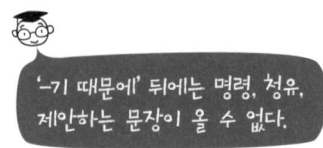
'-기 때문에' 뒤에는 명령, 청유, 제안하는 문장이 올 수 없다.

활용

가 자유롭게 대화를 완성하십시오.

1 A 왜 오늘 모임에 갈 수 없어요?
  B 아버지 생신이기 때문에 집에 일찍 가야 해요.

2 A 그 영화를 왜 안 봤어요?
  B _____.

3 A 왜 식사를 안 해요?
  B _____.

4 A 왜 회의에 늦었어요?
  B _____.

5 A 왜 어제 노래방에서 노래를 안 불렀어요?
  B _____.

정리하면서 써 보세요

	동사	현재	과거
	가다	가기 때문에	갔기 때문에
	읽다		
으	쓰다		
ㄷ	듣다		
ㄹ	살다		
ㅂ	돕다		
르	부르다		
ㅅ	짓다		

	형용사	현재	과거
	친절하다		
	좋다		
으	나쁘다		
ㄹ	멀다		
ㅂ	춥다		
르	다르다		
	있다		
	학생이다		

6과 문법 -았/었으면 좋겠다

SB p.102 별책 p.21

의미 확인

가 알맞은 것을 골라 연결하십시오.

1 친구가 많이 아파요. • — • ㄴ. 친구가 빨리 건강해졌으면 좋겠어요.
2 저는 춤을 잘 못 춰요. • • ㄱ. 숙제가 없었으면 좋겠어요.
3 요즘 시간이 없어요. • • ㄷ. 그림을 잘 그렸으면 좋겠어요.
4 그림을 잘 못 그려요. • • ㄹ. 춤을 잘 췄으면 좋겠어요.

연습

동사	형용사	있다 / 없다	-이다 / 아니다	
			받침 ○	받침 ×
-았/었으면 좋겠다	-았/었으면 좋겠다	재미있었으면 좋겠다	학생이었으면 좋겠다	가수였으면 좋겠다
갔으면 좋겠다	많았으면 좋겠다			

가 알맞은 것을 골라 바꿔 쓰십시오. (규칙)

1 저는 한국 친구가 별로 없어요.
   한국 친구가 __많았으면__ 좋겠어요.

2 내일 친구가 결혼해요.
   내일 날씨가 _____ 좋겠어요.

3 이번 주에 시험이 있어요.
   시험을 잘 _____ 좋겠어요.

4 다음 주 수요일이 제 생일이에요.
   친구들한테서 선물을 많이 _____ 좋겠어요.

받다
보다
좋다
✓많다

나 알맞은 것을 골라 바꿔 쓰십시오. `불규칙`

1 저는 클래식 음악 듣는 것을 아주 좋아해요.

　클래식 음악을 매일 　들었으면 좋겠어요　.

2 날씨도 좋고 시원하니까 나가서 좀 ＿＿＿＿＿＿＿＿＿＿.

3 윤호 씨가 감기에 걸려서 아프대요.

　빨리 ＿＿＿＿＿＿＿＿＿＿.

4 집이 학교에서 너무 멀어요.

　집이 학교에서 ＿＿＿＿＿＿＿＿＿＿.

> 걷다
> 낫다
> ✓ 듣다
> 가깝다

다 알맞은 것을 골라 바꿔 쓰십시오. `부정`

1 이번 겨울 방학 때는 설악산에 갈 거예요.

　날씨가 　안 추웠으면 좋겠어요 / 춥지 않았으면 좋겠어요　.

2 이번 시험에서 좋은 성적을 받아야 해요.

　이번 시험이 ＿＿＿＿＿＿＿＿＿＿.

3 친한 친구가 다음 달에 유학을 간대요. 너무 슬퍼요.

　친구가 유학을 ＿＿＿＿＿＿＿＿＿＿.

4 오늘 오후 4시에 부장님과 회의가 있어요. 그런데 오늘 저녁에 약속이 있으니까

　회의가 늦게 ＿＿＿＿＿＿＿＿＿＿.

> ✓ 춥다 ×
> 어렵다 ×
> 끝나다 ×
> 가다 ×

6과

가. 자유롭게 대화를 완성하십시오.

1. A 학교생활에 불편한 점이 있으면 말씀해 주세요.
   B 우리 건물에 도서관이 없어서 불편해요. 우리 건물에 도서관이 있었으면 좋겠어요.

2. A 선생님한테 부탁하고 싶은 것이 있으세요?
   B _____.

3. A 서울 생활에 불편한 점이 있으세요?
   B _____.

4. A 친구에게 부탁하고 싶은 것이 있어요?
   B _____.

정리하면서 써 보세요

	동사	-았/었으면 좋겠다		형용사	-았/었으면 좋겠다
	자다	잤으면 좋겠다		많다	
	먹다			조용하다	
ㅇ	쓰다		ㅇ	크다	
ㄷ	듣다		ㄹ	길다	
ㄹ	살다		ㅂ	가볍다	
ㅂ	돕다		르	다르다	
르	부르다			있다	
ㅅ	짓다			학생이다	

문법 -던데요

6과

의미 확인

가 알맞은 것을 고르십시오.

1. A 일본어가 배우기 쉽지요?
   B 아니요, 대학교 1학년 때 배워 봤는데 저한테는 좀 _____②_____.
   ① 쉽던데요　　　✓② 어렵던데요

2. A 용산 전자 상가에 가 봤어요?
   B 네, 가 본 적이 있어요.
   A 거기가 물건 값이 싸요?
   B 싸긴 하지만 우리나라보다 좀 _____.
   ① 싸던데요　　　② 비싸던데요

3. A 내일 시험이니까 보민 씨가 도서관에 있지요?
   B 아니요, 아까 보니까 친구하고 같이 테니스를 _____.
   ① 치는데요　　　② 치던데요

4. A 모니카 씨 외출했어요?
   B 아니요, 조금 전에 봤는데 부엌에 _____.
   ① 있는데요　　　② 있던데요

연습

동사	형용사	있다 / 없다	-이다 / 아니다	
			받침 ○	받침 ×
-던데요	-던데요	있던데요	사실이던데요	가수던데요
공부하던데요	조용하던데요			

6과

가 알맞은 것을 골라 바꿔 쓰십시오.

1. A 동규 씨가 다리를 다쳤대요.
   B 아니에요. 아까 친구들하고 <u>축구하고 있던데요</u>.

2. A 한스 씨가 집에 갔어요?
   B 아니요, 점심 때 보니까 도서관에서 책을 _____.

3. A 윤호 씨가 투안 씨보다 키가 큰 것 같아요.
   B 제가 지난번에 봤는데 투안 씨가 더 _____.

4. A 상우 씨는 성격이 조용한 것 같아요.
   B 아니에요. 얘기해 보니까 성격도 활발하고 아는 사람들도 아주 _____.

> 크다
> ✓ 축구하고 있다
> 읽고 있다
> 많다

나 알맞은 것을 골라 바꿔 쓰십시오. (부정)

1. A 학교 매점[18]에서 기념품[19]을 팔아요?
   B 아니요, 전에 가 보니까 기념품을 <u>안 팔던데요 / 팔지 않던데요</u>.

2. A 어제 파티에 손님이 많았어요?
   B 아니요, 생각보다 _____.

3. A 할머니께서 댁에 계세요?
   B 조금 전에 전화해 보니까 _____.
   병원에 가신 것 같아요.

4. A 그 영화가 볼 만하지요?
   B 글쎄요, 친구들은 재미있다고 하는데 저는 _____.

> ✓ 팔다 ×
> 재미있다 ×
> 계시다 ×
> 많다 ×

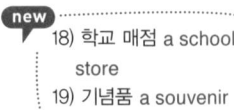
18) 학교 매점 a school store
19) 기념품 a souvenir

다 알맞은 것을 고르십시오.

1. **A** 윤호 씨 집들이 선물로 가습기[20]를 살까요?
   B 윤호 씨가 가습기는 벌써 (① 사던데요 / ✓② 샀던데요).

2. **A** 가은 씨 머리가 아주 길지요?
   B 얼마 전에 길에서 봤는데 머리를 (① 자르던데요 /② 잘랐던데요).
   그래서 지금은 짧아요.

3. **A** 한스 씨, 상우 씨하고 점심식사 하셨어요?
   B 상우 씨는 벌써 점심을 (① 먹던데요 / ② 먹었던데요). 그래서 혼자 먹었어요.

4. **A** 우리 7층 휴게실에 가서 커피 한 잔 할까요?
   B 네, 좋아요. 그런데 거기 자판기가 (① 고장나던데요 / ② 고장났던데요).
   그러니까 8층으로 갑시다.

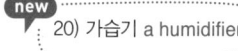
20) 가습기 a humidifier

가 자유롭게 대화를 완성하십시오.

1. **A** 약속 장소에 버스를 타고 가세요.
   B 버스요? 지금 길이 많이 막히던데요.

2. **A** 카밀라 씨가 요즘 바빠서 학교에 못 나오는 것 같아요.
   B 아니에요, _____.

3. **A** 지난번에 제가 추천해 준 식당에 가 봤어요?
   B 네, 친구들하고 갔다 왔어요.
   A 어때요? 좋지요?
   B 좋긴 한데 _____.

4. **A** 아르바이트를 하고 싶은데 어떻게 알아보면 돼요?
   B 그럼, 학교 게시판을 한번 보세요.
   A 어제 봤는데 _____.

6과

정리하면서 써 보세요

	동사	-던데요	-았/었던데요
	가다	가던데요	갔던데요
	먹다		
ㅡ	쓰다		
ㄷ	듣다		
ㄹ	살다		
ㅂ	돕다		
르	부르다		
ㅅ	짓다		

	형용사	-던데요
	비싸다	
	작다	
ㅡ	나쁘다	
ㄹ	멀다	
ㅂ	춥다	
르	다르다	
	있다	
	학생이다	

단어

6과

· 문제

가 알맞은 것을 골라 쓰십시오.

| 콘센트 ✓파워버튼 플러그 |

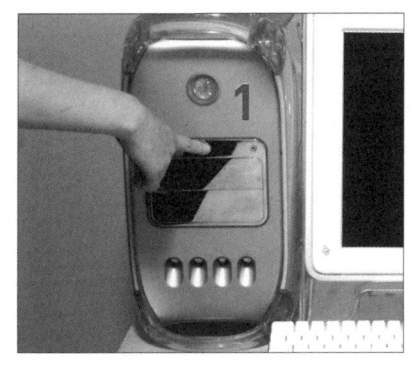

1. _파워버튼_
2. _____
3. _____

나 알맞은 것을 골라 바꿔 쓰십시오.

왜 복사기가 안 될까요?

| 잘못되어 있다 |
| ✓ 걸리다 |
| 떨어지다 |
| 켜지다 |

종이가
1. _걸린_ 것 같아요.

연결이
2. _____ 것 같아요.

토너가
3. _____ 것 같아요.

전원이
안 4. _____ 것 같아요.

6과

말하기 📖 p.104

가 알맞은 것을 골라 쓰십시오.

1. 한스 씨한테 전화했는데 _____통화중_____ (이)라서 연결이 안 돼요.
2. 내일 회의할 때 필요한 _____이/가 컴퓨터에 저장되어 있어요.
3. 열심히 일하면 좋은 _____이/가 있을 거니까 좀 더 힘냅시다.
4. 복사한 것은 저한테 주시고, _____은/는 부장님께 드리세요.
5. 대화할 때는 언제나 _____의 마음을 잘 생각하면서 말해야 합니다.

> 결과
> 상대방
> 원본
> 서류
> ✓ 통화 중

듣고 말하기 📖 p.108

가 알맞은 것을 골라 바꿔 쓰십시오.

1. 이 옷은 일주일 안에 가지고 오시면 교환이 ___가능해요___.
2. 교실에 학생이 몇 명 있는지 _____고 오겠습니다.
3. 제 휴대 전화에는 100명이 넘는 사람들의 전화번호가 _____어 있어요.

> ✓ 가능하다
> 저장되다
> 확인하다

읽고 말하기 📖 p.111

가 알맞은 것을 고르십시오.

1. 저는 (①글 ② 양)을 쓰는 것을 아주 좋아해서 밤마다 일기를 꼭 써요.
2. 모양이 예쁜 것보다 (① 디자인 ② 기능)이 다양한 mp3를 사고 싶은데요.
3. 잘 모르는 곳으로 여행을 갈 때 (① 안내서 ② 홈페이지)를 가지고 가는 게 좋을 거예요.
4. 새로 산 휴대 전화를 (① 실수로 ② 일부러) 떨어뜨려서 고장 났어요. 너무 속상해요.
5. 미나 씨는 결혼하지 않은 미혼 (① 여성 ② 남성)인데 아직 결혼하고 싶은 남자를 못 만났대요.

나 알맞은 것을 골라 바꿔 쓰십시오.

1 지난주에 홈쇼핑으로 ___구입한___ 컴퓨터가 배달 왔어요.
2 새로 산 가방에 문제가 있긴 하지만 작은 문제니까 그냥 _____기로 했어요.
3 미술관에서 그림을 _____ 때는 사진을 찍으면 안 된대요.
4 저는 커피숍에서 커피를 마시면서 길을 _____는 사람들을 보는 것을 좋아해요.
5 대답하기 _____ 질문을 받을 때는 어떻게 해야 할지 모르겠어요.

무시하다
곤란하다
오고 가다
관람하다
✓ 구입하다

다 알맞은 것을 골라 쓰십시오.

1 휴대 전화를 물_에_ 빠뜨렸어요.
2 저는 혼자 사니까 음식____ 남아서 버릴 때가 많아요.
3 불편한 점이 있어서 홈페이지에 글____ 올렸어요.
4 너무 많은 양____ 포장되어 있어서 다 먹을 수가 없어요.

–이/가
–을/를
✓ –에

단어 종합 문제

가 알맞은 것을 골라 대화를 완성하십시오.

> 서비스 기사   누르다   ✓상담원
> 무엇을 도와 드릴까요   연결   꽂다

A 친절하게 모시겠습니다. **1** _상담원_ 김미경입니다. **2** _____?

B 저, 프린터가 안 돼서 전화 드렸는데요.

A 네, 어떤 문제가 있으십니까?

B 컴퓨터에서 인쇄가 안 돼요.

A 프린터가 컴퓨터와 **3** _____ 이/가 잘 됐는지 확인해 보시겠습니까?

B 네, 잘 **3** _____ 되어 있는 것 같아요.

A 그럼, 파워 버튼을 **4** _____ 서 꺼 보시겠습니까?

B 네, 그렇게 했어요.

A 그리고 플러그를 다시 콘센트에 **5** _____ 아 보시겠습니까?

B 네, 그렇게 해도 안 되는데요.

A 그럼, **6** _____ 을/를 보내 드릴까요?

B 그래 주셨으면 좋겠어요.

발음

가 맞는 발음을 고르십시오. CD 17

1 신라
① [신나] ② [실라]

2 곤란하다
① [곤난하다] ② [골란하다]

3 관람하다
① [관남하다] ② [괄람하다]

나 듣고 따라하십시오. CD 18

1 A 컴퓨터가 고장 나서 전화 드렸는데요.
B 컴퓨터에 어떤 문제가 있습니까?

2 A 서비스 기사를 보내 드릴까요?
B 그래 주셨으면 좋겠어요.

다 듣고 쓰십시오. CD 19

1 _____.

2 _____.

쉬어 가기 — 한국 문화 Q&A

도와주세요!

집에 도둑이 들어왔거나 불이 나면 어떻게 해야 할까요? 도움이 필요할 때 이용할 수 있는 전화번호를 알려 드립니다.

If a burglar enters your home or a fire breaks out, what can you do? There are many places you can call when you need help.

110	전화가 고장 났을 때 When your phone is broken
112	경찰서에 긴급, 범죄 신고할 때 To report a crime
114	알고 싶은 전화번호가 있을 때 For directory assistance
119	불이 나거나 응급 환자가 생겼을 때 For emergency fire or medical services
121	수도가 고장 났을 때 For problems with your water supply
123	전기가 고장 났을 때 For problems with your electricity supply
131	날씨를 알고 싶을 때 For weather information
134	관광 정보를 알고 싶을 때 For travel information
1339	응급 질병 상담 및 병원 위치를 알고 싶을 때 For the locations of clinics and hospitals
1388	청소년에게 문제가 생겼을 때 Adolescents help line
1333	교통 정보를 알고 싶을 때 For traffic information

7과

일

문법	p.104	- 다면서요?
	p.109	- 을 텐데 걱정이다
단어	p.112	
발음	p.116	
쉬어가기	p.117	

7과 문법 -다면서요?

의미 확인

가 알맞은 이름을 골라 쓰십시오.

미나 씨가 직장을 그만뒀어요.

가은 씨가 요즘 운전 학원을 다녀요.

소영 씨가 이번 방학에 해외여행을 가요.

앤디 씨가 한국 회사에 취직했어요.

1. **A** 얘기 들으셨어요? _____미나_____ 씨가 직장을 그만뒀다면서요?
   B 그랬어요? 저는 몰랐어요.

2. **A** 얘기 들으셨어요? _____ 씨가 한국 회사에 취직했다면서요?
   B 네, 저도 들었어요. 무역 회사에 취직했대요.

3. **A** 얘기 들으셨어요? _____ 씨가 요즘 운전 학원에 다닌다면서요?
   B 네, 저도 들었어요. 학교 근처에 있는 학원에 다닌대요.

4. **A** 얘기 들으셨어요? _____ 씨가 이번 방학에 해외여행을 간다면서요?
   B 그래요? 부러워요.

연습

동사	과거 -았/었다면서요?	현재 -는다면서요?	미래 -을 거라면서요?
먹다	먹었다면서요?	먹는다면서요?	먹을 거라면서요?
가다	갔다면서요?	간다면서요?	갈 거라면서요?
형용사	-았/었다면서요?	-다면서요?	-을 거라면서요?
작다	작았다면서요?	작다면서요?	작을 거라면서요?
있다 / 없다	-았/었다면서요?	-다면서요?	-을 거라면서요?
멋있다	멋있었다면서요?	멋있다면서요?	멋있을 거라면서요?
-이다 / 아니다	-았/었다면서요?	-이라면서요?	-일 거라면서요?
선생님이다	선생님이었다면서요?	선생님이라면서요?	선생님일 거라면서요?
의사이다	의사였다면서요?	의사라면서요?	의사일 거라면서요?

가 알맞은 것을 골라 쓰십시오. (동사, 형용사 현재)

소영

보민 씨가 요즘 기분이 좋아요.
보민 씨가 하루에 세 시간씩 운동해요.
보민 씨가 매운 음식을 못 먹어요.
보민 씨가 요즘 너무 바빠서 시간이 없어요.
보민 씨가 한국 음식을 잘 만들어요.
한국은 보통 7월 말에 날씨가 제일 더워요.

가은

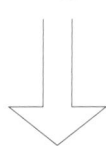

소영

1 보민 씨가 요즘 기분이 _좋다면서요_ ?
2 보민 씨가 요즘 하루에 세 시간씩 _____ ?
3 보민 씨가 매운 음식을 _____ ?
4 보민 씨가 요즘 너무 바빠서 시간이 _____ ?
5 보민 씨가 한국 음식을 잘 _____ ?
6 한국은 7월 말에 날씨가 제일 _____ ?

7과

나 알맞은 것을 골라 쓰십시오. −이다 현재

한스 씨는 미혼이에요.
한스 씨는 32살이에요.
내일이 한스 씨 생일이에요.

1 한스 씨, __미혼이라면서요__ ?
2 한스 씨, _____ ?
3 한스 씨, 내일이 한스 씨 _____ ?

한스

다 알맞은 것을 골라 쓰십시오. 과거

소영 씨가 중간시험을 잘 봤어요.
소영 씨가 어제 아팠어요.
소영 씨가 3년 전에 이탈리아에서 유학했어요.
소영 씨 집에서 한 파티에 손님이 많았어요.
소영 씨가 고등학교 다닐 때 착한 학생이었어요.

1 소영 씨가 중간시험을 __잘 봤다면서요__ ?
2 소영 씨가 어제 _____ ?
3 소영 씨가 3년 전에 이탈리아에서 _____ ?
4 소영 씨 집에서 한 파티에 손님이 _____ ?
5 소영 씨가 고등학교 다닐 때 _____ ?

라 알맞은 것을 골라 쓰십시오. 미래

유키 씨가 다음 달에 결혼할 거예요.
유키 씨가 월요일에 출장 갈 거예요.
내일 날씨가 추울 거예요.
모니카 씨가 새 컴퓨터를 구입할 거예요

1 유키 씨가 다음 달에 <u>결혼할 거라면서요</u>?
2 유키 씨가 월요일에 _____?
3 내일 날씨가 _____?
4 모니카 씨가 새 컴퓨터를 _____?

활용

가 자유롭게 대화를 완성하십시오.

1 A <u>다음 달에 결혼한다면서요</u>?
  B 아니에요. 누가 그래요?

2 A _____?
  B 누구한테서 들었어요?

3 A _____?
  B 그래요? 저도 처음 듣는 얘기예요.

4 A _____?
  B 진짜예요? 믿을 수 없어요.

정리하면서 써 보세요

동사		과거	현재	미래
		-았/었다면서요?	-는다면서요?	-을 거라면서요?
	가다	갔다면서요?	간다면서요?	갈 거라면서요?
	읽다			
으	쓰다			
ㄷ	듣다			
ㄹ	살다			
ㅂ	줍다			
르	부르다			
ㅅ	짓다			

형용사		과거	현재	미래
		-았/었다면서요?	-다면서요?	-을 거라면서요?
	싸다			
	작다			
으	나쁘다			
ㄹ	멀다			
ㅂ	춥다			
르	다르다			
있다				
학생이다				

문법 -을 텐데 걱정이다

의미 확인

가 알맞은 것을 골라 연결하십시오.

1 내일 소풍을 가요. •   • ㄱ. 시험을 잘 봐야 할 텐데 걱정이에요.
2 다음 주에 시험이 있어요. •   • ㄴ. 날씨가 좋아야 할 텐데 걱정이에요.
3 약속에 늦었어요. •   • ㄷ. 차가 안 막혀야 할 텐데 걱정이에요.

연습

동사		형용사		있다 / 없다	-이다 / 아니다	
받침 ○	받침 ×	받침 ○	받침 ×			+ 걱정이다
-을 텐데	-ㄹ 텐데	-을 텐데	-ㄹ 텐데	있을 텐데	나쁜 사람일텐데	
먹을 텐데	갈 텐데	작을 텐데	클 텐데			

가 알맞은 것을 골라 쓰십시오. 규칙

1 A 내일 여행 간다고 들었어요.
　B 네, 강원도로 가요. 그래서 날씨가 <u>좋아야 할 텐데 걱정이에요</u>.

2 A 회사에 취직했다면서요?
　B 네, 빨리 동료들과 _____.

3 A 앤디 씨가 다쳐서 병원에 입원했다면서요?
　B 네, 지금은 좀 괜찮아졌대요. 그런데 병원비가 많이 _____.

4 A 오늘 연극 보기로 했지요? 보러 갈 수 있어요?
　B 네, 그런데 일이 늦게 끝날 것 같아요.
　　늦게 가면 표가 다 팔려서 _____.
　A 그럼, 제가 미리 표를 사 놓을게요.

✓ 좋아야 하다
나오다
친해져야 하다
없다

7과

나. 알맞은 것을 골라 쓰십시오. (불규칙)

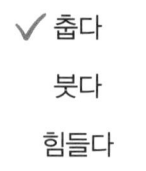
✓ 춥다
붓다
힘들다

1. A 등산 간다면서요? 재미있겠어요.
   B 그런데 겨울이라서 날씨가 <u>추울 텐데 걱정이에요</u>.

2. A 가은 씨가 요즘 아르바이트 시작했다면서요?
   B 네, 밤에 편의점에서 일해요. 일이 많이 _____.

3. A 밤에 라면을 먹으니까 맛있지요?
   B 네, 그런데 내일 아침에 얼굴이 _____.

가. 자유롭게 대화를 완성하십시오.

1. A 상우 씨, 이번에 큰일을 맡으셨다면서요?
   B <u>네, 일을 잘해야 할 텐데 걱정이에요.</u>

2. A 오늘 고향 친구가 서울에 온다면서요?
   B 네, 그런데 일이 바빠서 마중을 못 나가요. _____.

3. A 앤디 씨 생일이 내일인데 선물 샀어요?
   B 네, 모자를 샀어요. _____.

4. A 다음 주 금요일에 한국어 능력 시험이 있다면서요?
   B 네, _____.

정리하면서 써 보세요

	동사	-을 텐데	
	가다	갈 텐데	
	먹다		
으	쓰다		
ㄷ	듣다		
ㄹ	살다		
ㅂ	줍다		
르	부르다		
ㅅ	짓다		+ 걱정이다
가야 하다			

	형용사	-을 텐데	
	비싸다		
	작다		
으	크다		
ㄹ	멀다		
ㅂ	어렵다		
르	바쁘다		
있다			
거짓말이다			

7과

7과 단어

· 일

가 알맞은 것을 골라 연결하십시오.

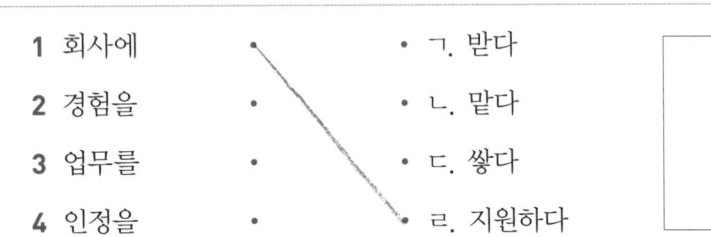

1 회사에 · · ㄱ. 받다
2 경험을 · · ㄴ. 맡다
3 업무를 · · ㄷ. 쌓다
4 인정을 · · ㄹ. 지원하다

5 구인 광고를 · · ㄱ. 내다
6 사람을 · · ㄴ. 높다
7 취직 경쟁률이 · · ㄷ. 채용하다

나 알맞은 것을 골라 바꿔 쓰십시오. 그리고 질문에 대한 대답을 쓰십시오.

> ✓ 보람을 느끼다   지원하다   경쟁률이 높다

1 질문: 여러분은 지금까지 일을 하면서 가장 ___보람을 느낀___ 적은 언제예요?

   대답: _____

2 질문: 여러분은 어떤 회사에 _____ 고 싶어요?

   대답: _____

3 질문: 여러분 나라에서 가장 인기가 좋고 _____ 대학이나 회사는 어디예요?

   대답: _____

• 말하기 SB p.120

가 알맞은 것을 골라 바꿔 쓰십시오.

1. 이 시험은 ___정해진___ 시간 안에 꼭 내셔야 합니다.
2. 학교를 졸업하기 전에 여러 가지 자격증을 _____는 것이 좋습니다.
3. 중요한 일을 결정할 때는 어른들의 조언을 _____는 것이 좋습니다.
4. 선생님께서는 항상 "너희들은 잘할 수 있다!"라고 하시면서 저희들을 _____ 주셨습니다.

> 듣다
> ✓ 정해지다
> 따다
> 격려하다

• 듣고 말하기 SB p.124

가 알맞은 것을 골라 쓰십시오.

1. 내일 중요한 시험을 봐야 해서 너무 ___긴장___ 이/가 돼요.
2. 저희 회사에서는 공부만 한 사람보다는 다양한 _____을/를 한 사람을 찾고 있습니다.
3. 이번 휴가 때는 _____을/를 할 생각이에요. 작년에 동남아에 갔으니까 이번에는 유럽에 가고 싶어요.
4. 아이들은 유치원²¹⁾에서 제일 처음 _____을/를 배운다.

> 사회생활
> ✓ 긴장
> 경험
> 해외여행

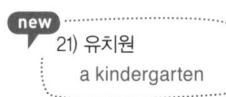
21) 유치원
a kindergarten

7과

읽고 말하기 📖 p.127

가 공통으로 들어가는 것을 골라 쓰십시오.

> 일정   경력   목적   ✓연령

1. • ___연령___ 에 맞는 장난감을 선택하는 것이 중요하다.
   • 옆집 할아버지는 70이라는 _____ 을/를 믿을 수 없을 정도로 건강하시다.

2. • 이번 여행의 _____ 은/는 한국 음식 문화를 경험하는 것입니다.
   • 한국어를 공부하는 _____ 에 대해서 이야기해 주십시오.

3. • 내일 _____ 을/를 말씀해 주세요.
   • 이번 프로젝트의 진행 _____ 에 대해서 말씀드리겠습니다.

4. • 우리 회사는 아르바이트를 해 본 _____ 을/를 중요하게 생각한다.
   • 홍보 업무와 관계된 _____ 을/를 쌓아야 이곳에서 일할 수 있습니다.

나 질문에 대한 대답을 쓰십시오.

1. 질문: 무엇을 살 때 돈이 많이 들어요?
   대답: _비싼 집을 살 때_ 돈이 많이 들어요.

2. 질문: 미래에 어떤 직업이 뜰 것 같아요?
   대답: _____ 뜰 것 같아요.

3. 질문: 내일 날씨는 어떨 것으로 예상됩니까?
   대답: _____ 것으로 예상됩니다.

4. 여러분은 미래에 한국이나 한국어와 관계된 일을 하고 싶어요?
   대답: _____ .

· 단어 종합 문제

가 알맞은 것을 골라 대화를 완성하십시오.

A 언니, 오랜만이에요. 학교에 웬일이에요?

B 교수님 좀 뵈러 왔어.

A 참, 언니, 이번에 회사에서 중요한 프로젝트를 1 __맡__ 게 되셨다면서요?

B 어, 그래. 어떻게 알았어?

A 교수님한테 들었어요. 프로젝트 일은 어때요?

B 좀 힘들긴 하지만 괜찮아. 회사의 중요한 일을 한다고 생각하니까 2 _____ 도 느껴.

A 윗사람[22]한테 3 _____ 을/를 받아서 좋겠어요. 그런데, 언니, 저도 언니 회사에서 일하고 싶은데 어떻게 준비해야 하는지 4 _____ 좀 해 주세요.

B 방학 때 미리 필요한 자격증을 5 _____ 는 것이 좋을 거야. 그리고 우리 회사는 무역 회사에서 일해 본 6 _____ 을/를 중요하게 생각하니까 방학 때 인턴사원으로 한번 일해 봐.

A 알겠어요, 언니. 얘기해 주셔서 고맙습니다.

조언
✓ 맡다
보람
인정
따다
경력

[22] 윗사람 a senior

7과 발음

가 받침 'ㄹㄱ'의 발음에 주의하면서 따라 읽으십시오. CD 20

1 밝다   밝을 것으로
   [박따]   [발글]

2 닭고기   닭이
   [닥꼬기]   [달기]

3 읽다   읽었어요
   [익따]   [일거써요]

나 듣고 따라하십시오. CD 21

1 A 제가 잘할 수 있을지 모르겠어요.
   B 한스 씨라면 잘할 수 있을 거예요. 걱정하지 마세요.

2 A 너 방학 동안 여행 갔다 왔다면서?
   B 네, 친구들하고 호주에 갔다 왔어요.
   A 호주? 좋았겠다.

다 듣고 쓰십시오. CD 22

1 _____.

2 _____.

쉬어 가기   한국 문화 Q&A

한국에서는 윗사람과 악수를 어떻게 해요?

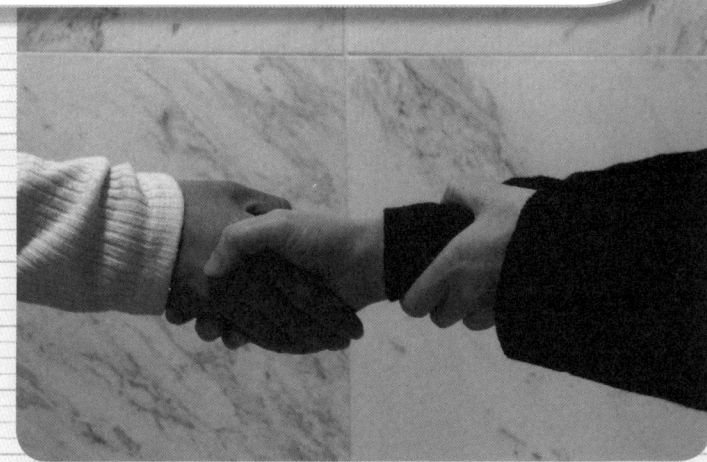

윗사람과 악수를 할 때는 한 손으로 다른 쪽 팔을 받치고 합니다. 그리고 아랫사람이 윗사람에게 먼저 악수를 청하면 안 됩니다. 여러분 나라에서는 어떻게 합니까? 한번 비교해 보세요.

In Korea, how do you shake hands with a person senior to you?

You use both hands when shaking hands with a person more senior than you. Do this by extending one hand while supporting it at the elbow with the other hand, and the junior person should never initiate the handshake. How about in your country? Compare how people shake hands in your country with how Koreans shake hands.

8과

공공 생활

문법	p.120	-은/는데②
	p.123	-을
단어	p.126	
발음	p.131	
쉬어가기	p.132	

8과 문법 -은/는데②

의미 확인

가 알맞은 것을 찾아 줄을 그으십시오.

-은/는데 + 물어보는 말

1. 머리가 아픈데 — ㄱ. 혹시 약 있어요?
2. 컴퓨터를 사려고 하는데 • • ㄴ. 소영 씨한테 무슨 일 있어요?
3. 제가 한턱내고 싶은데 • • ㄷ. 어디에서 사는 게 좋을까요?
4. 소영 씨가 요즘 계속 결석하는데 • • ㄹ. 어떤 음식을 좋아하세요?

-은/는데 + 부탁, 명령하는 말

1. 보민 씨하고 통화하고 싶은데 • • ㄱ. 오늘은 일찍 주무세요.
2. 제가 지금 사전이 없는데 • • ㄴ. 보민 씨 좀 바꿔 주세요.
3. 날씨가 추운데 • • ㄷ. 옷을 더 따뜻하게 입으세요.
4. 피곤해 보이는데 • • ㄹ. 사전 좀 빌려 주세요.

-은/는데 + 제안하는 말

1. 저한테 영화표가 두 장 있는데 • • ㄱ. 공원에 가서 산책합시다.
2. 날씨가 좋은데 • • ㄴ. 같이 영화 봅시다.
3. 비가 많이 오는데 • • ㄷ. 같이 점심 먹을까요?
4. 저도 아직 식사를 안 했는데 • • ㄹ. 밖에 나가지 말까요?

연습

동사	형용사		있다 / 없다	-이다 / 아니다
	받침 ○	받침 ×		
-는데	-은데	-ㄴ데	있는데	학생인데
가는데	작은데	큰데		

가 알맞은 것을 골라 바꿔 쓰십시오. (현재 규칙)

1 보민 씨가 책을 많이 ____읽는데____ 책을 선물하는 게 어때요?
2 오늘은 시간이 _____ 내일 만나는 게 어때요?
3 _____ 오늘은 일찍 퇴근합시다.
4 저 사람은 처음 보는 _____ 우리 회사 신입사원이에요?

사람이다
✓ 읽다
없다
피곤하다

나 알맞은 것을 골라 바꿔 쓰십시오. (현재 불규칙)

1 이 문제가 ____어려운데____ 좀 가르쳐 주세요.
2 소영 씨가 이 근처에 _____ 한번 전화해 볼까요?
3 _____ 따뜻한 커피를 한 잔 마시는 게 어때요?
4 여기에서 학교까지 좀 _____ 택시를 탈까요?

살다
춥다
✓ 어렵다
멀다

다 알맞은 것을 골라 바꿔 쓰십시오. (과거)

1 이거 어제 내가 ____만들었는데____ 한 번 드셔보시겠어요?
2 감기에 _____ 혹시 감기약 있으세요?
3 카밀라 씨가 오늘도 학교에 _____ 전화 해 볼까요?
4 이거 어제 여기에서 _____ 좀 바꿔 주세요.

✓ 만들었다
걸렸다
안 왔다
샀다

라 알맞은 것을 골라 바꿔 쓰십시오. (부정)

1 목소리가 작아서 잘 ____안 들리는데 / 들리지 않는데____
  조금 크게 말해 주세요.
2 오늘 사전을 _____ 좀 빌려 주세요.
3 키가 _____ 농구 선수가 될 수 있을까요?
4 윤호 씨한테는 아직 _____
  윤호 씨한테 전화해서 좀 알려 주시겠어요?

크다 ✗
✓ 들리다 ✗
가져왔다 ✗
연락했다 ✗

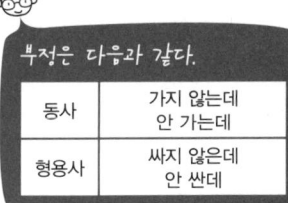

부정은 다음과 같다.

동사	가지 않는데 안 가는데
형용사	싸지 않은데 안 싼데

가 자유롭게 대화를 완성하십시오.

1. A 내일이 소영 씨 생일인데 생일 선물 사셨어요?
   B 아직 _____ 못 샀는데 _____ 무엇을 사는 것이 좋을까요?
   A 소영 씨는 꽃을 좋아하는데 꽃을 선물하는 게 어때요?

2. A 점심 식사 하셨어요?
   B 아니요, 아직 못 했어요.
   A 지금 _____ 같이 가시겠어요?
   B _____.

3. A 우리 언제 만날까요?
   B 저는 이번 주 토요일에 _____ 토요일에 만날까요?
   A _____.

4. A 오늘 사전을 안 가지고 왔는데 좀 빌려 주시겠어요?
   B 저도 지금 사전이 _____ 모르는 단어가 뭐예요?
   A _____.

정리하면서 써 보세요

	동사	과거	현재
	가다	갔는데	가는데
	먹다		
으	쓰다		
ㄷ	듣다		
ㄹ	살다		
ㅂ	줍다		
르	부르다		
ㅅ	짓다		

	형용사	과거	현재
	비싸다		
	좋다		
으	나쁘다		
ㄹ	멀다		
ㅂ	춥다		
르	다르다		
	있다		
	회사원이다		

8과

-을

의미 확인

가 맞으면 ○, 틀리면 × 하십시오.

내일 계획

3:00 쇼핑
7:00 영화

카밀라

내일 계획

2:00 회의
7:00 수영

한스

내일 계획

3:00 도서관, 책
6:00 동아리 모임

소영

1 내일 오후에 쇼핑할 사람은 카밀라 씨예요. (○)

2 내일 오후에 회의를 할 사람은 한스 씨예요. (   )

3 내일 저녁 때 영화를 볼 사람은 소영 씨예요. (   )

4 내일 오후에 도서관에서 책을 읽을 사람은 한스 씨예요. (   )

5 내일 저녁 때 동아리 모임에 갈 사람은 소영 씨예요. (   )

연습

동사		형용사	있다	-이다 / 아니다
받침 ○	받침 ×			
-을	-ㄹ	×	일하고 있을	×
먹을	갈			

8과

가 알맞은 것을 골라 바꿔 쓰십시오. 규칙

1 다음 달에 고향으로 __돌아갈__ 사람이 유키 씨예요.
2 내일이 미나 씨 생일이라서 미나 씨한테 _____ 생일 선물을 준비해야 해요.
3 소영 씨는 저녁에 다음 날 _____ 옷을 미리 준비합니다.
4 다음 역에서 _____ 사람이 누구예요?

> 입다
> 주다
> 내리다
> ✓ 돌아가다

나 알맞은 것을 골라 바꿔 쓰십시오. 불규칙

1 다음 학기에 한국 문화 수업을 __들을__ 사람이 몇 명이에요?
2 제가 _____ 일이 있으면 언제든지 말씀하세요.
3 여기가 앞으로 우리 집을 _____ 곳이에요.
4 지금부터 _____ 음식은 김치찌개예요. 기대하세요.

> 돕다
> ✓ 듣다
> 짓다
> 만들다

가 자유롭게 대화를 완성하십시오.

1 A 얼마 전에 담배를 __끊을__ 계획이라고 하지 않았어요?
  B 네, 그랬는데 끊지 못했어요.
  A 그럼, 이제 계속 담배를 피울 거예요?
  B 아니요, __끊을 생각인데 담배를 끊는 것이 쉽지 않아요__ .

2 A 지훈 씨, 요즘 운동하세요?
  B 아니요, 바빠서 오랫동안 운동을 하지 못했어요.
    하지만 다음 달부터 _____ 계획이에요.

3 A 유키 씨는 언제까지 한국어를 배울 거예요?
  B _____ 계획이에요.
  A 그래요? 그럼, 그때까지 한국에서 살 거예요?
  B 아직 잘 모르지만 _____ .

4 A 렌핑 씨는 내년 2월에 졸업하지요?

B 네.

A 졸업을 한 다음에 뭐 _____ 생각이에요?

B _____.

5 A 회의가 언제 시작해요?

B 사장님이 아직 안 오셨어요. 사장님이 오시면 _____ 예정이에요.

A 회의가 언제 끝날까요?

B _____.

정리하면서 써 보세요

	동사	-을
	가다	갈
	먹다	
ㅇ	쓰다	
ㄷ	듣다	
ㄹ	살다	
ㅂ	줍다	
르	부르다	
ㅅ	짓다	
공부하고 있다		

8과 단어

• 공공 생활

가 관계있는 말을 골라 쓰십시오.

> ✓소포   통장   빠른 우편   수표   환전   박스
> 비자 연장   저울   외국인 등록증   재발급   현금

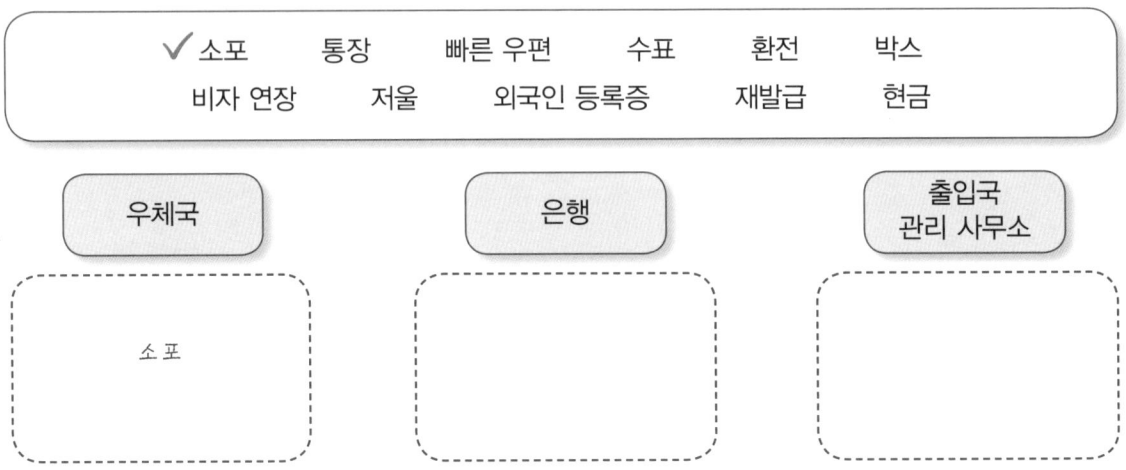

우체국: 소포

은행:

출입국 관리 사무소:

나 알맞은 것을 골라 바꿔 쓰십시오.

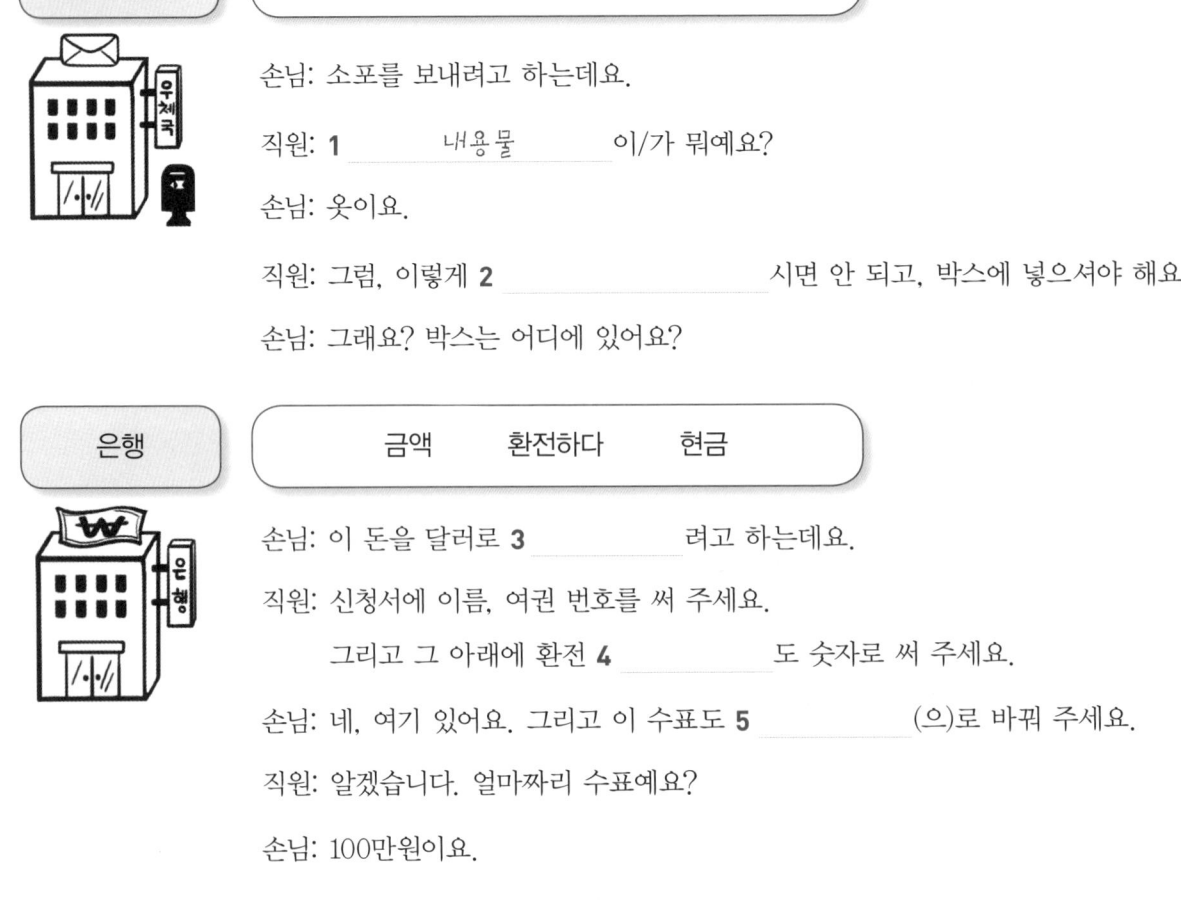

우체국

✓내용물   포장하다

손님: 소포를 보내려고 하는데요.

직원: 1 ___내용물___ 이/가 뭐예요?

손님: 옷이요.

직원: 그럼, 이렇게 2 _____ 시면 안 되고, 박스에 넣으셔야 해요.

손님: 그래요? 박스는 어디에 있어요?

은행

금액   환전하다   현금

손님: 이 돈을 달러로 3 _____ 려고 하는데요.

직원: 신청서에 이름, 여권 번호를 써 주세요.
그리고 그 아래에 환전 4 _____ 도 숫자로 써 주세요.

손님: 네, 여기 있어요. 그리고 이 수표도 5 _____ (으)로 바꿔 주세요.

직원: 알겠습니다. 얼마짜리 수표예요?

손님: 100만원이요.

| 출입국 관리 사무소 | 서명하다　연장하다　예정 |

손님: 비자를 **6** _____ 려고 왔는데요.

직원: 여권 좀 보여 주세요.

손님: 네, 여기 있습니다.

직원: 언제까지 한국에 계실 **7** _____ 이세요?

손님: 내년까지요.

직원: 그럼, 이 신청서를 쓰세요. 그리고 여기에 **8** _____ 세요.

손님: 여기에 이름을 쓰면 돼요?

직원: 네.

• 말하기 SB p.136

가 알맞은 것을 골라 바꿔 쓰십시오. 그리고 예문을 만드십시오.

떼어 내다
✓ 깨지다
다 되다

1 도자기가 땅²³⁾에 떨어져서 _____깨졌다_____ .

　예 __이 그릇은 깨지기 쉬우니까 포장을 잘 하세요__ .

2 옷에서 가격표를 _____ 고 입으세요.

　예 _____ .

3 여행 준비는 이제 _____ 거예요?

　예 _____ .

new
23) 땅 the ground

8과

듣고 말하기 📖 p.142

가. 다음 단어를 사용해서 문장을 만드십시오.

1 오늘 오다 / 손님 / 선착순 / 사은품

→ 오늘 오신 손님께는 선착순으로 사은품을 드립니다.

2 한스 씨 / 교실 / 옷 / 두고 가다

→ _____.

3 분홍색 옷 / 입다 / 어린이 / 종합 안내소 / 보호하다

→ _____.

4 까만색 가죽 지갑 / 종합 안내소 / 보관하다

→ _____.

5 저녁 9시 이후 / 야채 가격 / 50% 할인되다

→ _____.

6 오늘 2시 / 미술관 벽 / 그림을 그리다 / 행사가 있다 / 예정

→ _____.

나. 알맞은 것을 골라 바꿔 쓰십시오.

1 이 역은 전동차와 승강장 사이가 ___넓습니다___.

2 이번 정류장에서 내리실 분은 벨을 _____ 주시기 바랍니다.

3 오늘도 저희 백화점을 _____ 주셔서 감사합니다.

4 오늘 백화점에 생선 가게가 새로 문을 _____.
많은 이용 바랍니다.

- 이용하다
- ✓ 넓다
- 누르다
- 열다

읽고 말하기 📖 p.145

가 알맞은 단어를 쓰십시오.

		⁵ㅅ				⁷ㅎ	
	³ㄷ			⁶ㅇ			
			⁸ㅅ	⁹ㅂ		¹⁰ㄱ	
¹구							
²매							

> **new**
> 24) 행동 action
> 25) 유리 glass
> 26) 키우다 to raise (to have a pet)
> 27) 신분 identity
> 28) 신분증 an ID card

⟨세로⟩
1. 물건이나 표를 사는 행동.²⁴⁾
3. 책이나 DVD 등을 빌리다.
5. 나이가 어린 사람, 어린이.
7. 몸을 움직여서 어떤 일을 하다.
9. 종이, 유리²⁵⁾, 플라스틱 등으로 쓰레기를 나누어 버리는 것.
10. 물건을 산 후에 남은 돈.

⟨가로⟩
2. 표를 파는 시간.
3. 나이가 많은 사람, 어른.
6. 집에서 키우는²⁶⁾ 개, 고양이, 새 등의 동물.
8. 주민 등록증, 외국인 등록증과 같이 신분²⁷⁾을 나타내는 증명서²⁸⁾.

나 알맞은 것을 골라 쓰십시오.

1. 인터넷에서 물건 ___구매 시___ 주의해야 할 점에 대하여 말씀드리겠습니다.

2. 파티 장소 _____ 에는 미리 예약금을 내 주셔야 합니다.

3. DVD _____ 에는 반드시 신분증을 보여 주시기 바랍니다.

4. 20일 전에 신혼여행 _____ 여행비를 모두 환불 받을 수 있습니다.

> 취소 시
> 예약 시
> ✓ 구매 시
> 대여 시

• 단어 종합 문제

가 알맞은 것을 골라 대화를 완성하십시오.

> 내용물   저울   포장하다   깨지다
> 소포   번호표   배편   다 된 거예요   다 됐습니다

〈우체국에 들어가서〉

손님: 1 _소포_ 을/를 보내려고 하는데요.

안내 직원: 2 _____ 을/를 뽑고 잠깐만 기다려 주시겠어요?

〈직원과 만나서〉

직원: 안녕하십니까? 무엇을 도와 드릴까요?

손님: 1 _____ 을/를 좀 보내려고요.

직원: 네, 3 _____ 이/가 뭐예요?

손님: 유리그릇이요.

직원: 그럼, 저쪽에 가셔서 크기에 맞는 박스에 넣고 4 _____ 세요.
   그릇은 5 _____ 기 쉬우니까 잘 싸세요.

손님: 네, 알겠습니다.

〈포장 후〉

손님: 저, 포장 다 했는데요.

직원: 박스 위에 받으실 분의 성함과 주소를 써 주세요.
   항공편으로 보내실 거예요?

손님: 아니요, 급한29) 것은 아니니까 6 _____ (으)로 보내려고요.

직원: 여기 7 _____ 위에 올려놓으시겠어요?
   6 _____ (으)로 보내면 9,500원입니다.

손님: 여기 있어요.
   그럼, 8 _____ ?

직원: 네, 9 _____ .

> new
> 29) 급하다 to be urgent

발음

가 'ㅈ, ㅊ'의 발음에 주의하면서 따라 읽으십시오. CD 23

1 전동차
2 승강장
3 춤을 추는
4 산책로

나 듣고 따라하십시오. CD 24

A 시간은 2주쯤 걸립니다. 그때 다시 오시겠어요?
B 그럼, 오늘은 다 된 거예요?
A 네, 오늘은 다 됐어요.

다 듣고 쓰십시오. CD 25

1 _____.

2 _____.

쉬어 가기 — 한국 문화 Q&A

> 서울 글로벌센터에 오세요.

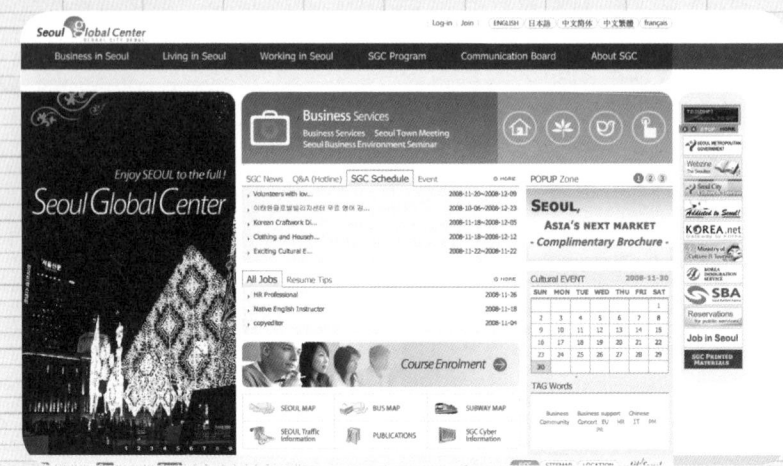

서울에 살고 있는 229,000명 외국인들의 생활을 도와주기 위하여 서울 글로벌센터가 생겼다. 글로벌센터에는 영어, 일어, 중국어, 프랑스어 등을 잘하는 사람 30명이 은행계좌 계설, 신용카드 발급 등 일상생활에 필요한 일을 도와준다.

글로벌센터에서 할 수 있는 일:
- 발급 서비스: 외국인 등록 사실 증명, 외국인 인감 증명, 체류지 변경 신고 수리, 지방세 납세 증명, 지방세 세목별 과세 증명, 국세 납세 증명, 국세 납세 사실 증명, 국제 결혼 증명 등
- 상담: 법령 정보, 세무 상담, 체류 허가
- 자동차 운전 면허 관련 서비스 등
- 한국어 수업

- 위치: 서울프레스센터 3층
    (지하철 1 & 2호선 시청역 4번 출구, 도보로 3분)
- 홈페이지: http://global.seoul.go.kr
- 전화: 82-2-1688-0120
- 이메일: hotline@seoul.go.kr / hotline@sba.seoul.kr

Check Out the Seoul Global Center

The Seoul Global Center was created to help the 229,000 foreigners who live in Seoul. The Over 30 people who can speak various languages such as English, Japanese, Chinese, and French are working at the Center. They can provide assistance and information about credit cards, bank accounts, and other things related to daily life.

The specific areas where the Seoul Global Center can help are:
- Issuance of documents related to foreign registration cards, changes of residence, marriage certificates, income taxes, etc
- Consultation services for legal information, taxation information, and sojourn information
- Korean Driver's License information
- Korean language classes

Contact information:
- Location: Seoul Press Center, third floor
  (subway lines 1 and 2, City Hall Station, 3 minutes from exit 4).
- Homepage: http://global.seoul.go.kr
- Telephone: 82-2-1688-0120
- Email: hotline@seoul.go.kr/ hotline@sba.seoul.kr

서강한국어 뉴시리즈
WORKBOOK 3A

저작권

© 2021 서강대학교 한국어교육원

이 책의 저작권은 서강대학교 한국어교육원에 있습니다. 서면에 의한 저자의 허락 없이 내용의 일부를 인용하거나 발췌하는 것을 금합니다.

Copyright ⓒ 2021

Korean Language Education Center, Sogang University. All rights reserved.
No part of this publication may be reproduced, stored in a retrieval system or transmitted in any form or by any means, electronic, mechanical, including photocopying, recording without the prior written permission of the copyright owner.

출판사

초판 발행	2008년 12월 12일
1판 13쇄	2021년 4월 23일
펴낸곳	서강대학교 국제문화교육원 출판부
펴낸이	박종구
등록번호	313-2006-00028
출판사 주소	서울시 마포구 백범로 35 (신수동)
Tel	(82-2) 705-8088~9
Fax	(82-2) 701-6692, 713-8963
e-mail	ckss@sogang.ac.kr
homepage	http://klec.sogang.ac.kr http://koreanimmersion.org

서강한국어 교사 사이트

http://koreanteachers.org

세트

ISBN	978-89-92491-39-6 18710	서강한국어 뉴시리즈 학생책 3A	
	978-89-92491-40-2 18710	서강한국어 뉴시리즈 학생책 3A 영어	문법·단어 참고서 (비매품)
	978-89-92491-58-7 18710	서강한국어 뉴시리즈 학생책 3A 일본어	문법·단어 참고서
	978-89-92491-56-3 18710	서강한국어 뉴시리즈 학생책 3A 중국어	문법·단어 참고서
	979-11-6163-010-6 13710	서강한국어 뉴시리즈 학생책 3A 베트남어	문법·단어 참고서
	978-89-92491-41-9 18710	서강한국어 뉴시리즈 학생책 3A CD (비매품)	
ISBN	978-89-92491-43-3 18710	서강한국어 뉴시리즈 워크북 3A	
	978-89-92491-44-0 18710	서강한국어 뉴시리즈 워크북 3A CD (비매품)	

판매·유통

판매·유통	(주)도서출판 하우
등록번호	제475호
주소	서울시 중랑구 망우로68길 48
Tel	(82-2) 922-7090, 922-9728 Fax (82-2) 922-7092
homepage	http://hawoo.co.kr e-mail hawoo@hawoo.co.kr

시리즈 기획

김성희

연구개발진

서강한국어 3A (2004 초판)

김성희	서강대학교 한국어교육원 전 교학부장	서강대학교 불어학 박사 수료
김현정	서강대학교 한국어교육원 교학부장	이화여자대학교 불어학 박사
박선미	서강대학교 한국어교육원 교학차장	이화여자대학교 국어학 석사
황선희	서강대학교 한국어교육원 전 연구원	Phd. in Linguistics, Georgetown University

서강한국어 뉴시리즈 3A (2008 초판)

이효정	서강대학교 한국어교육원 연구원	상명대학교 국어학 박사
조재희	서강대학교 한국어교육원 연구원	이화여자대학교 한국학과 석사
민혜정	서강대학교 한국어교육원 연구원	고려대학교 한국어교육과 석사

영문 번역

주유경	SOAS 연구원	영국 SOAS 한국어학 박사
Duane Henning	연세대학교 교양영어 전임강사	호주 Macquarie University 응용언어학 석사

영문 감수

허구생	서강대학교 국제문화교육원 전 원장	미국 University of Minnesota 역사학 박사
Yoo Isaiah WonHo	서강대학교 영미어문학 교수	미국 UCLA 응용언어학 박사

제작진

편집 디자인	디자인탱크
일러스트	김소연(디렉터), 장선미, 최익견, 민지영, 정선경
사진	스튜디오 루
표지디자인	디자인씨드
CD 녹음 편집	Playback

도와주신 분

사진 모델	서강대학교 한국어교육원 교수진, 가족, 친구, 학생
사진 의상 제공	김정아, 임현성, 김보경, 이정화 선생님
연구 개발 지원	오경숙, 최연재 선생님
영문 검토	Janathan Kief
행정	서강대학교 기획처 예산팀, 사무처 구매팀, 국제문화교육원 행정실 총무팀

CD 트랙 목차

1	저작권
2	1과 가
3	1과 나
4	1과 다
5	2과 가
6	2과 나
7	2과 다
8	3과 가
9	3과 나
10	3과 다
11	4과 가
12	4과 나
13	4과 다
14	5과 가
15	5과 나
16	5과 다
17	6과 가
18	6과 나
19	6과 다
20	7과 가
21	7과 나
22	7과 다
23	8과 가
24	8과 나
25	8과 다